CHINESE for AFRICANS

非洲人学汉语（下）

Volume 2

郝劼 编著

SinolinguA
华语教学出版社

First Edition 2013
Fourth Printing 2018

ISBN 978-7-5138-0466-0

Published by Sinolingua Co., Ltd
24 Baiwanzhuang Road, Beijing 100037, China
Tel: (86) 10-68320585 68997826
Fax: (86) 10-68997826 68326333
http://www.sinolingua.com.cn
E-mail: hyjx@sinolingua.com.cn
Facebook:www.facebook.com/sinolingua
Printed by Beijing Jinghua Hucais Printing Co., Ltd.

Printed in the People's Republic of China

序 言 一

因为情兼旧日同僚和多年老友，并且见证了这本教材从酝酿到艰难诞生的过程，故郝勐兄坚请我为他这本新编教材作序。

翻开书稿，郝兄几年前受国家汉办派遣赴纳米比亚大学开展汉语教学的情景历历在目。郝兄甫抵纳米比亚，正值纳大探索创设汉语课程之时，一无适用教材，二无现成学生，三无管理链条。郝兄白手起家，事事亲力亲为，编教材，发广告，理顺与校、院两级管理层关系。经过紧张筹备，终于在较短时间内顺利开课。几个月后，郝兄邀请我参加纳大首届汉语短期培训班结业仪式时，他的纳米比亚弟子们已经能够像模像样地用汉语作简短讲话了。

郝兄住在远离纳大校区的一处教师寓所里，每日奔波于住地和课堂之间，生活紧张而简单。就是在这样近乎机械的生活节奏中，郝兄始终不坠立言之志，不忘著述之乐，完成了这本教材的编写。

郝兄从事对外汉语教学二十多年，对对外汉语教学理论和实践有着独到的认识和体会。这在本教材中也得到了很好体现。相信这本凝聚着郝兄经验和心血、诞生于非洲热土的对外汉语教材会受到广大教师和学员的热烈欢迎！

林 静

（前中国驻纳米比亚使馆参赞）

2012年7月

Foreword I

As a former colleague and old friend of Hao Jie, I witnessed his hard work in planning and compiling this text, and could not resist his invitation to write a foreword for his new book.

When I first opened the book, the memory of when Hao was sent by Hanban (Confucius Institute Headquarters) to the University of Namibia to teach Chinese immediately came to me. At the time of his arrival, the University had just started to offer courses in Chinese language, but there were no suitable textbooks, no students, and no administrative links. Hao had to do everything on his own, including compiling teaching materials, delivering enrollment ads, and sorting out the various affairs of the programme with the University. After intense preparation, Chinese language courses were able to begin in a short time. Several months later, I was invited to the ceremony of completion for the first short-term training course in Chinese language at the University of Namibia; his Namibian students could already give a brief speech in Chinese.

During his professorship at the University of Namibia, Hao lived in the teachers' apartment quite far from the campus. Commuting between home and work every day, he had a very busy yet simple life. Despite the monotony of his daily routine, Hao faithfully endeavored to finish writing this textbook.

Hao has been engaged in the teaching of the Chinese language for over 20 years, and has gained a unique understanding of both the theory and practice of teaching Chinese as an additional language. This experience is fully embodied in this textbook, which I believe will surely receive a warm welcome from teachers and students alike.

Lin Jing
Former Counsellor
Chinese Embassy in Namibia
July 2012

Foreword Ⅱ

Teaching and learning an additional language (AL) is a complicated process and many variables determine a successful outcome. Acquiring an AL is not an easy activity, and in the case of learning a language which has a completely different orthography the more challenging it becomes; Chinese is one such language. Yet the benefits of having even a rudimentary knowledge of Chinese in the Namibian context has become apparent.

In addressing the teaching of Chinese to Namibian students, the author has set out to devise materials to supplement the teaching of Chinese language and culture. The materials contain numerous activities to use the AL productively in different social contexts. In addition, the materials also cater to students who are unable to attend the face-to-face teaching sessions.

The book includes activities presented thematically, as well as lists of specific vocabulary relevant to each section. The contents of the book show that the author assigns importance to understanding and using the Chinese language practically. This book will become a valued resource that language educators in Namibia will find most useful.

Jill Izaks
Head, Namibian and Foreign Languages Department
Language Centre
University of Namibia
Windhoek

前　言

把汉语当成第二语言学习的初学者以及从事这一教学的教师，无不盼望有一本实用、高效的教材。然而，尽管先辈和时贤在对外汉语教学的理论和实践中矻矻以求、不断探索，而且成果丰硕，我们仍不得不承认，还有很多难题困扰我们。如果问一个同行们熟悉的问题：Who learns how much of what language under what conditions?① 或者“谁在什么环境中教/学什么，怎么教、学，为什么教、学”，恐怕我们常有“数不清，理还乱”的感觉，因为第二语言习得（SLA）或学习（SLL），除了是一种生理活动外，更主要的还是一种心理、社会活动，在人脑这一黑箱或灰箱还没有完全被打开的时代，对综合体现生理、心理、语境等因素的语言及语言习得或学习奥秘的了解还是有限的，Indeed，the sum of our knowledge about the factors influencing second language learning is limited and imprecise.② 因此，这方面的研究成果离理想的境况还有距离，我们仍在探索中。诚如一些学者所说：It is tempting to try to conclude this brief survey of SLA by offering a general modal of L2 acquisition that incorporates all the various perspective we have explored. However, there is no single theory or model or even framework that can adequately incorporate the range of hypothesis which SLA has addressed.③ 所以，on the whole, grand synthesizing theories which try to encompass all aspects of L2 learning in a single model have not received general support.④

这也是在教学理论及教材、教法等方面众说纷纭、各呈特色的原因所在。多年来，在前人教学实践、理论探索的基础上，笔者下面归纳的一些原则和方法，在一定程度上反映了第二语言教学规律，大家的认可度较高；而且在教学中得到了检验，取得了良好的教学效果。它们是：

1．交际化理念和方法（Orientation of Communicative Ability）
2．多维理念和方法 (Multi-dimensional Models)
3．汉语本体规律及汉文化的内化 (Internalization)
4．生理、心理因素的作用 (Physiological and Psychological Factors)
5．社会、文化等语境因素的利用 (Environmental Factors)
6．教和学双向适切关系 (Appropriate Bilateral Conditions Between the Learner/Learning and the Teacher/Teaching)
7．恰当地输入恰当的语料 (Appropriate Input of Learning Materials)
8．发展学员有效的输出表达 (Proper Development of Appropriate Speech/Speaking Abilities)。

笔者在十几年汉语教学实践及借鉴国内外优秀理论成果的基础上，根据教学规律，为追求教学高效而编写了这本初级汉语教材，体现了上述教学理念。它的使用对象是母语非汉语、生活在西方文化背景下的成年学员（主要是非洲学员），以及从事对外汉语教学的教师。

本教材在对外汉语教学理论和实践经验的支撑下，力图突出以下三个“三结合”特点：

第一，三个内容相结合，即音义结合、字词结合、学用结合（虚拟情景、真实情景）；

第二，三个阶段相结合，即基础、拓展、应用相结合；

第三，三个教学理念相结合，即实践主体（教学双方）、汉语本体及包括实践主体在内的语用环境相结合。

笔者根据多年的教学经验发现，通常我们认为的初级水平汉语，除了能进行简单对话外，还不足以对学员的生活和发展提供更有力的语言支持，难以满足不同学习目的和学习动机学员的要求。因此，本教材提供了较丰富的、有可持续利用潜力的语料，包括注释和练习，供教师、学员使用，这也是对非洲国家缺乏汉语学习资料的现状及境外学习者需求的适应和满足。

就本教材的使用，作者提几点建议，供参考：

第一，不论是学员还是教师，使用本教材时要体会一个“活”字，取其精义，根据情景和个性有所发挥。使用本教材的要义是，创设相对自然的环境，为学员提供适宜语料，使学员在较放松的心态下获得交际能力。

第二，始终把“用”放在核心，强调学以致用，尽可能付诸真实的交际实践。听说为主，兼及读写。

第三，本教材在适用于课堂背景的指导性学习（instructed learning）的同时，注意利用个体性学习 (e.g. teaching oneself, private learning, self-instruction, etc.)及自然学习（natural learning/acquisition）的优势，为实现好的教学效果提供条件。望使用者体会这一点，综合发挥多种有利因素。

第四，本教材共40课，平均每课约需4—5课时，全书需200课时左右。教师和学员可根据情况取舍、调整，可简可繁。

第五，为适应境内外使用需要，本教材主要选用与中非交往相关的交际场景，希望学员和教师在使用时充分体会和利用。使用者也可自行模拟和创设情境。

相信大家会喜欢本教材，也希望得到大家的指正。

郝勐

2012年 于纳米比亚大学

注：

① Bernard Spolsky, *Conditions for Second Language Learning*,（Oxford and New York: Oxford University Press, 1992）PP. 3.

② William Littlewood, *Foreign and Second Language Learning*, (Cambridge: Cambridge University Press, 1999) PP. 68.

③ Rod Ellis, *Second Language Acquisition*, (Oxford and New York: Oxford University Press, 1997) PP. 89

④ Rosamond Mitchell and Florence Myles, *Second Language Learning Theories* (London：Arnold, 1997) section 9.

Preface

For Second Language Learning, or SLL, students and teachers all hope to have a practical and effective textbook to aid in the learning process. Currently, there are many such textbooks on the market written by preeminent teachers and scholars whom have made painstaking efforts researching and exploring the field. However, tremendous challenges still plague the discipline.

By asking a familiar question we can identify the major problems with SLL: "Who learns how much of what language under what conditions?" .① Nobody can answer this question in detail as Second Language Acquisition (SLA) is a type of psychological and social activity as compared to a physical activity. Because the functions of the human mind are not completely understood, we cannot accurately explain the mystery of language acquisition or learning; this lack of understanding results from the integration of physical psychological and contextual factors. "Indeed, the sum of our knowledge about the factors influencing second language learning is limited and imprecise." ② Therefore, we must continue to explore the field as the current research is still unsatisfactory. As Rod Ellis said, "It is tempting to try to conclude this brief survey of SLA by offering a general modal of L2 acquisition that incorporates all the various perspective we have explored. However, there is no single theory or model or even framework that can adequately incorporate the range of hypothesis which SLA has addressed." ③ Hence, "On the whole, grand synthesizing theories, which try to encompass all aspects of L2 learning in a single model, have not received general support." ④

For the above mentioned reasons, there exist various second language teaching theories, and diverse textbooks and teaching methods in the field and study of SLL. Over many years and based on the teaching practices and theoretical research of scholarly predecessors, this author has summed up principles and approaches that reflect the teaching methods of second languages, which have achieved effective teaching results. They are as follows:

1. Orientation of Communicative Ability
2. Multi-dimensional Models
3. Internalization
4. Physiological and Psychological Factors
5. Environment Factors
6. Appropriate Bilateral Conditions Between the Learner/Learning and the Teacher/Teaching
7. Appropriate Input of Learning Materials
8. Proper Development of Appropriate Speech/Speaking Abilities

Based on this author's teaching method, and the outstanding theoretical results at home and abroad, this book was compiled for non-native adult learners at the beginner's level of Chinese language (especially Africans), as well as Chinese language teachers.

With the support of Chinese teaching practices and theories, this book attempts to highlight the following three features of SLL:

First, to combine the pronunciation with the meaning of the words; to combine the characters with the words; to combine learning with practice (e.g., the virtual and real situations);
Second, to combine the three stages of SLL: the beginning stage, the expansion stage and application stage;
Third, to combine the three subject areas of SLL: the practice subjects (teaching and learning participants), the Chinese language itself, and the practical use of Chinese Language.

According to this author's teaching experience, it seems that Chinese language learning at the starter level does not allow for full support for the life and developmental needs of the learners, nor does it account for individual learning goals or motivations. Therefore, this book provides copious explanations and exercises for teacher as well as students; at the same time it also attempts to fulfill the needs of African countries where Chinese learning materials are deficient.

The author wishes to give the following suggestions on the use of this book:

1. Both learners and teachers should know that the essence of learning lies in the flexible use of this book while remaining dependent upon context and individual learner styles. This book aims to create a relatively natural background and appropriate body of work so that learners may obtain a communicative ability in a relaxed academic setting.
2. Practicality is the core of the book. It emphasizes experience and promotes real communication practice. It gives priority to listening and speaking, while still taking account of reading and writing.
3. This book balances instructed learning in classrooms with private learning, and natural learning, in order to achieve its desired teaching effects. It is hoped that the learner could put these favourable factors into full play.
4. This book contains 40 lessons; each may take about 4-5 hours, totaling 200 class hours. Teachers and learners may make adjustments according to their actual situation.
5. To adapt the use of this text at home and abroad, there are select situations related to Sino-African exchange and communication which teachers and learners may use in virtual scenes.

We hope this textbook will be helpful to all Chinese language learners. Any comments on this text will be appreciated.

Hao Jie
University of Namibia
2012

Works Cited:

① Bernard Spolsky, Conditions for Second Language Learning, （Oxford and New York: Oxford University Press, 1992） PP. 3.
② William Littlewood, Foreign and Second Language Learning, (Cambridge: Cambridge University Press, 1999) PP. 68.
③ Rod Ellis, Second Language Acquisition, (Oxford and New York: Oxford University Press, 1997) PP. 89
④ Rosamond Mitchell and Florence Myles, Second Language Learning Theories (London： Arnold, 1997) section 9.

课堂用语 Classroom Expressions

第一部分—Part 1：

1. 老师好！(Lǎoshī hǎo!)

   ——Good morning (afternoon/evening), Mr. / Ms…!

2. 请您再说一遍。(Qǐng nín zài shuō yí biàn.)

   ——Say it again, please.

3. 这个字怎么读？(Zhè ge zì zěnme dú?)

   ——How to read this character?/How do you pronounce this word?

4. 这个词是什么意思？(Zhè ge cí shì shénme yìsi?)

   ——What's the meaning of the word?

5. 英语的"water"汉语怎么说？(Yīngyǔ de "water" Hànyǔ zěnme shuō?)

   ——How do you say "water" in Chinese?

6. 请您说慢点儿。(Qǐng nín shuō màndiǎn'r.)

   —— Please say slowly.

7. 老师，我有一个问题。(Lǎoshī, wǒ yǒu yí gè wèntí.)

   ——Mr. / Ms…, I have a question.

8. 我没听懂。(Wǒ méi tīngdǒng.)

   —— I don't understand (what you said).

9. 什么时候考试？(Shénme shíhou kǎoshì?)

   —— When are the exams?

第二部分—Part 2：

1. 同学们好！(Tóngxuémen hǎo!)

   ——Good morning (afternoon/evening), students!

2. 现在上课。(Xiànzài shàngkè.)

   ——Let's start our class.

3. 跟我读。(Gēn wǒ dú.)

   ——Read it after me.

4. 跟我说。(Gēn wǒ shuō.)

——Follow me (to say).

5. 跟我写。(Gēn wǒ xiě.)

——Follow me (to write).

6. 注意发音。(Zhùyì fāyīn.)

——Pay attention to the pronunciation.

7. 再读一遍。(Zài dú yí biàn.)

——Read it again.

8. 再写一遍。(Zài xiě yí biàn.)

——Write it again.

9. 我说，你们听。(Wǒ shuō, nǐmen tīng.)

——Listen to me.

10. 有问题吗？(Yǒu wèntí ma?)

——Do you have any question?

11. 这句话对不对？(Zhè jù huà duì bu duì?)

——Is the sentence correct?

12. 懂了吗？(Dǒng le ma?)

——Do you understand?

13. 现在布置作业。(Xiànzài bùzhì zuòyè.)

——It is time to assign homework.

14. 星期四交作业。(Xīngqīsì jiāo zuòyè.)

——Homework is due on Thursday.

15. 预习课文。(Yùxí kèwén.)

——Read the text and prepare for the next lesson.

16. 复习语法。(Fùxí yǔfǎ.)

——Review grammar.

17. 准备考试。(Zhǔnbèi kǎoshì.)

——Prepare for the test.

18. 下课。(Xiàkè.)

——That's all for today. / Class is dismissed.

目录 Contents

Dì-èrshíyī Kè Nǐ Qùguò Xīzàng ma?

第二十一课 你去过西藏吗？

Lesson 21 Have you been to Tibet?

课文一 Kèwén yī Text one

李老师：放假的时候你想做什么？

Lǐ lǎoshī: Fàngjià de shíhou nǐ xiǎng zuò shénme?

唐非亚：我想去旅游。

Táng Fēiyà: Wǒ xiǎng qù lǚyóu.

您能不能给我推荐一些地方？

Nín néng bu néng gěi wǒ tuījiàn yìxiē dìfang?

李老师：你去过西藏吗？

Lǐ lǎoshī: Nǐ qùguò Xīzàng ma?

唐非亚：没去过。那儿怎么样？

Táng Fēiyà: Méi qùguò. Nàr zěnmeyàng?

李老师：很漂亮。你可以去看看。我是去年去的。

Lǐ lǎoshī: Hěn piàoliang. Nǐ kěyǐ qù kànkan. Wǒ shì qùnián qù de.

唐非亚：我还有个问题，坐火车去好还是坐飞机去好？

Táng Fēiyà: Wǒ hái yǒu ge wèntí, zuò huǒchē qù hǎo háishi zuò fēijī qù hǎo?

李老师：飞机快，但是很多风景看不到。

Lǐ lǎoshī: Fēijī kuài, dànshì hěn duō fēngjǐng kàn bu dào.

如果想看风景，最好坐火车去。

Rúguǒ xiǎng kàn fēngjǐng, zuì hǎo zuò huǒchē qù.

唐非亚：从北京到西藏坐火车要多长时间？

Táng Fēiyà: Cóng Běijīng dào Xīzàng zuò huǒchē yào duō cháng shíjiān?

李老师：大约四十八个小时。

Lǐ lǎoshī: Dàyuē sìshíbā gè xiǎoshí.

唐非亚：太远了！

Táng Fēiyà: Tài yuǎn le!

参考词汇 Cānkǎo cíhuì New words

1.	过	guò	(an aspect particle)
2.	西藏	Xīzàng	Tibet

3. 放假	fàngjià	to get a holiday/vacation; to have a day off
4. 做	zuò	to do
5. 推荐	tuījiàn	to recommend
6. 地方	dìfang	place, space
7. 漂亮	piàoliang	beautiful
8. 火车	huǒchē	train
9. 风景	fēngjǐng	scenery, landscape
景点	jǐngdiǎn	scenic spot; tourist attraction
10. 看不到	kàn bu dào	not possible to see (sth.)
11. 最好	zuì hǎo	(you'd) better to ...
12. 远	yuǎn	far; a long way

课文二 Kèwén èr Text two

如果你想到中国旅游，你可以自己去，或者和朋友一起去，也可以参加旅游团。去之前，可以先在网上看看有关信息，还应该向朋友或旅行社咨询。要多了解些情况，比如旅游线路、报价、签证办理等。

祝你旅行愉快！

Rúguǒ nǐ xiǎng dào Zhōngguó lǚyóu, nǐ kěyǐ zìjǐ qù, huòzhě hé péngyou yìqǐ qù, yě kěyǐ cānjiā lǚyóutuán. Qù zhīqián, kěyǐ xiān zài wǎng shang kànkan yǒuguān xìnxī, hái yīnggāi xiàng péngyou huò lǚxíngshè zīxún. Yào duō liǎojiě xiē qíngkuàng, bǐrú lǚyóu xiànlù, bàojià, qiānzhèng bànlǐ děng.

Zhù nǐ lǚxíng yúkuài!

参考词汇 Cānkǎo cíhuì New words

1. 自己	zìjǐ	(referring to the person mentioned earlier in the sentence) oneself
2. 和……一起	hé...yìqǐ	together with
跟……一起	gēn...yìqǐ	together with
一起	yìqǐ	together
3. 旅游团	lǚyóutuán	touring group; touring party
4. ……之前	...zhīqián	before
……之后	...zhīhòu	after
5. 先	xiān	first; in advance; earlier; before doing sth.
6. 有关信息	yǒuguān xìnxī	relevant information
信息	xìnxī	information
7. 应该	yīnggāi	should; ought to
8. 向	xiàng	to

9.	旅行	lǚxíng	journey, trip
	旅行社	lǚxíngshè	travel agency; travel service
	行程	xíngchéng	itinerary
	行程单	xíngchéng dān	itinerary (paper)
10.	咨询	zīxún	to seek advice from; to consult
11.	了解	liáojiě	to find out; to understand; understanding, comprehension
12.	情况	qíngkuàng	situation, circumstance
13.	旅游线路	lǚyóu xiànlù	travel route
14.	报价	bàojià	to quote; quote, quotation
15.	签证办理	qiānzhèng bànlǐ	visa application
	办理	bànlǐ	to handle, to conduct; handling
	办	bàn	to do, to handle
16.	等	děng	and so on; etc.
17.	愉快	yúkuài	happy, joyful

注 释 Zhùshì Notes

1. 你去过西藏吗？ Nǐ qùguò xīzàng ma? **Have you been to Tibet?**

When a verb is immediately followed by the aspect particle 过, it indicates going through an experience or process at some time in the past. It is often used to emphasize one's experience in the past. More examples:

① 我学过汉语。 ② 我没去过非洲。
③ A: 你去过中国吗？ B: 去过。/没去过。
④ A: 你去过中国没有？ B: 去过。/没去过。

2. 坐火车去好还是坐飞机去好？ Zuò huǒchē qù hǎo háishi zuò fēijī qù hǎo?
Which is better (to go to there), by train or by plane?

Sometimes one sentence can have two or more verbs or verb phrases, e.g., 坐火车去.
Pay attention to the relationship between the verbs or verb phrases.

A. Two or more actions or the sequence the actions take place, e.g.,
我要去办签证。/他去买东西.

B. The first verb denotes the means or manner that the action of the second verb performs, e.g.,
坐火车去/不坐汽车去 用汉语写信/没用英语写过信

C. The second verb indicates the purpose of the action denoted by the first verb, e.g.,
回家吃饭/去机场接(jiē—to pick up)人

D. The sentences with 有 can have two or more verbs or verb phrases:
①我有个问题想问问。②我有个问题想问问你。③我没有问题要问。

3. 大约四十八个小时。 Dàyuē sìshíbā gè xiǎoshí. **About 48 hours.**

Besides 大约, the following ways can be used to indicate approximation.
A. By using the word 多(duō—more than);
十多分钟/三个多小时
十多个小时/四十多个小时
十多天/一个多月/六十多块钱
两斤多/六十多公斤
四百多本书/一千多万人

B. By using the word 不到(bú dào—less than)
不到两个小时/不到七十米/不到九十万人/不到五公里
C. By using the word 几(jǐ—several, some, a few)
二十几个人/十几岁/十几天
D. By joining two neighbouring numbers
一两天/三四百公里
E. By using the word 左右(zuǒyòu—about, or so)
半个小时左右/六千块钱左右

拓展练习 Tuòzhǎn liànxí Develop skills

1. 听读 Tīng dú **Listening and reading**

第一组：

坐飞机　坐火车　坐汽车

坐出租车(chūzūchē—taxi)　坐船(chuán—boat, ship)

飞机场　火车站/汽车站

加油站[jiāyóuzhàn—filling (petrol) station]

交通(jiāotōng—transport, traffic)　住宿(zhùsù—accommodation)

第二组：

大—小　多—少　快—慢　远—近

好—坏　对—错　新—旧

长—短(duǎn—short)　软(ruǎn—soft)—硬(yìng—hard, stiff)

贵—便宜　漂亮—难看/不好看

第三组：

大约一万人　大约五百公里　大约六百块钱　大约二十几天

四十多分钟　两个多小时　一个多星期

半天儿时间　半个多月　一年多

三十公斤左右　不到半年

第四组：

办签证/办学生签证/办工作签证

办商务(shāngwù—business)签证

办手续(shǒuxù—formalities/procedures)

第五组：

工作情况　学习情况　身体情况

家庭(jiātíng—family)情况　办签证的情况

第六组:

学过汉语和阿拉伯语，没学过葡萄牙语。

去过塞内加尔(Sāinèijiā'ěr—Senegal)，没去过塞舌尔(Sāishé'ěr—Seychelles)。

听到过这个词，但不知道什么意思。

没看过这些书，但是听说(tīngshuō—to hear)过。

第七组:

八点到十二点我们开会。

这个会从八点开到十二点。

三月到十月是旅游旺季(wàngjì—busy season)。

从这儿到那儿大约五百公里。

二〇〇九年到二〇一二年他在摩洛哥(Móluògē—Morocco)工作。

从香港到约翰内斯堡(Yuēhànnèisībǎo—Johannesburg)坐飞机大约十三个小时。

2. 替换练习 Tìhuàn liànxí **Pattern drills**

(1) 你能不能给我推荐一家旅行社?

一家饭店/一家餐馆

一条旅游路线/一个景点

一位(wèi—measure word)中文老师/一所学校

(2) 从这儿到那儿坐飞机大约两个半小时。

坐火车　九个小时

坐汽车　五十分钟

打的(dǎdí—to take the taxi)　一刻钟

走路(zǒulù—to walk; to go on foot)　半小时

(3) 你去过北京吗?

学　阿拉伯语(Ālābóyǔ—Arabic)

看　这个电影(diànyǐng—film)

听　这个故事(gùshi—story)

吃　中餐

喝　这种酒

(4) 他应该给老师写封信，但是他没写。

向旅行社咨询　咨询

推荐那家饭店　推荐

在飞机场等我　等我

(5) 如果你想去旅游，最好跟旅游团一起去。

跟朋友一起去

先去咨询一下儿

先订(dìng—to make reservations)好饭店

3. 选择填空 Xuǎnzé tiánkòng

Choose the correct answer for each of the following sentences.

(1) 这个地方很＿＿＿＿。(风景/漂亮)

(2) 你＿＿＿＿别去那儿。(最好/要)

(3) 这条旅游线路＿＿＿＿那条好。(和/比)

(4) 两家旅行社的报价＿＿＿＿。(一样/很一样)

(5) 从这儿到那儿坐飞机要＿＿＿＿。(多长时间/很长时间)

(6) 这家饭店＿＿＿＿？(怎么/怎么样)

4. 看图说话 Kàn tú shuōhuà **Describe the pictures in Chinese.**

非洲(出发)	7月12日
北京(故宫，天坛，长城……)	7月14日—7月18日
西安(兵马俑，碑林，大雁塔……)	7月19日—7月22日
西藏(布达拉宫……)	7月26日—7月29日

Tips: Talk about Tang Feiya's travel plan

5. 复习课文 Fùxí kèwén **Review this lesson's texts.**

(1) Write a short paragraph based on the topics of this lesson and share it with your classmates.
(2) Ask each other questions based on the texts.
(3) Express the main contents/ideas of each text in your own words.

6. 交际练习 Jiāojì liànxí **Communication exercises**

(1) Talk about your travelling experience.
(2) Talk about your travel plan.
(3) Consult a travel agency for some information about a tour, and then tell your friend the information.

学汉字 Xué Hànzì Learn Chinese characters

1. 认写汉字 Rèn xiě Hànzì **Read and write Chinese characters.**

Example	Pinyin	Write Chinese Characters						
过	guò							
做	zuò							
推	tuī							
荐	jiàn							
火	huǒ							
漂	piāo							
亮	liàng							
应	yīng							
该	gāi							

Example	Pinyin	Write Chinese Characters
风	fēng	
景	jǐng	
放	fàng	
假	jià	
方	fāng	
远	yuǎn	
先	xiān	

2. **汉字部件** Hànzì bùjiàn **Character components**

火(火字旁，huǒzìpáng—the "fire" radical): 烧烤(shāokǎo—barbecue)，灯(dēng—light)

灬(四点儿，sì diǎnr—the "fire" radical at the bottom): 点，热(rè—hot)

Notes Xuéxí bǐjì 学习笔记

Rìqī
日期：　　年　　月　　日
Date

问题和困难 Wèntí hé kùnnan
Questions and difficulties:

Xuéxí bǐjì
学习笔记 Notes

最想学的新词语 Zuì xiǎng xué de xīn cíyǔ
New words I want to learn:

Dì-èrshí'èr Kè Jīpiào Quèrèn Hǎo le

第二十二课 机票确认好了

Lesson 22 The flight ticket has been confirmed

课文一 Kèwén yī Text one

营业员：你好，国际航空公司。

Yíngyèyuán: Nǐ hǎo, Guójì Hángkōng Gōngsī.

马　克：你好。我想确认一下儿机票。

Mǎkè: Nǐ hǎo. Wǒ xiǎng quèrèn yíxiàr jīpiào.

营业员：请问，您的航班是什么时候？

Yíngyèyuán: Qǐngwèn, nín de hángbān shì shénme shíhou?

马　克：二十四号早上七点半。

Mǎkè: Èrshísì hào zǎoshang qī diǎn bàn.

营业员：航班号码是多少？

Yíngyèyuán: Hángbān hàomǎ shì duōshao?

马　克：CA678。

Mǎkè: CA liù qī bā.

营业员：您的姓名是……？

Yíngyèyuán: Nín de xìngmíng shì...?

马　克：Mark Smith。

Mǎkè: Mark Smith.

营业员：请稍等。您的机票确认好了，没问题。

Yíngyèyuán: Qǐng shāo děng. Nín de jīpiào quèrèn hǎo le, méi wèntí.

马　克：谢谢！

Mǎkè: Xièxie!

营业员：不客气。

Yíngyèyuán: Bú kèqi.

参考词汇 Cānkǎo cíhuì New words

1.	(飞)机票	(fēi)jīpiào	flight ticket
	订机票	dìng jīpiào	to book flight ticket
2.	确认	quèrèn	to confirm
3.	营业员	yíngyèyuán	customer service operator

4. 国际	guójì	international
5. 航空	hángkōng	aviation
6. 航班	hángbān	scheduled flight
7. 早上	zǎoshang	(early) morning
8. 姓名	xìngmíng	(full) name
9. 稍等	shāo děng	to wait a moment

课文二 Kèwén èr Text two

唐非亚是留学生，后天她要回国休假了。昨天她已经在网上确认了机票。走之前，她要给几个同学和朋友打电话，向他们告别。可是她的手机没充值，不能打了。楼下有公用电话，她只好去那儿打了。

Táng Fēiyà shì liúxuéshēng, hòutiān tā yào huí guó xiūjià le. Zuótiān tā yǐjīng zài wǎng shang quèrènle jīpiào. Zǒu zhīqián, tā yào gěi jǐ gè tóngxué hé péngyou dǎ diànhuà, xiàng tāmen gàobié. Kěshì tā de shǒujī méi chōngzhí, bù néng dǎ le. Lóu xià yǒu gōngyòng diànhuà, tā zhǐhǎo qù nàr dǎ le.

参考词汇 Cānkǎo cíhuì New words

1. 留学生	liúxuéshēng	student studying abroad; foreign student
留学	liúxué	to study abroad
2. 后天	hòutiān	the day after tomorrow
3. 回国	huí guó	to return to one's country or native land
4. 休假	xiūjià	to have a holiday or vacation
5. 走	zǒu	to leave, to depart
6. 几	jǐ	several, a few, some
7. 向……告别	xiàng...gàobié	say goodbye to
告别	gàobié	to bid farewell
8. 可是	kěshì	but
9. 楼下	lóu xià	downstairs
楼上	lóu shàng	upstairs
10. 公用电话	gōngyòng diànhuà	public telephone
11. 只好	zhǐhǎo	to have to

注　释 Zhùshì Notes

机票确认好了。 Jīpiào quèrèn hǎo le. **The flight ticket has been confirmed.**

The subject of a Chinese sentence may be the doer of an act, and sometimes it may be the recipient. The former is active construction, the latter is passive. When the target of an act is emphasized, a passive sentence is used and the subject of this kind of sentence is usually a specific object. In this sentence, the recipient 机票 is the subject. .

This kind of passive sentence can be called notional passive sentence. Its basic structure is:

Subject (recipient of an act) + V + other sentence elements

In this sentence, the word 好 is used as a complement of result to express completion.

Compare the following sentences:

他确认了机票。/机票确认了。
他没确认机票。/机票没确认。

他确认好了机票。/机票确认好了。
他没确认好机票。/机票没确认好。
你准备好礼物了吗?/礼物准备好了吗?

拓展练习 Tuòzhǎn liànxí Develop skills

1. 听读 Tīng dú **Listening and reading**

第一组:

飞机票　火车票　汽车票

电影(diànyǐng—film)票　门票(ménpiào—admission/entrance ticket)

支票(zhīpiào—cheque)　发票(fāpiào—invoice)　收据(shōujù—receipt)

第二组:

楼上　上楼　楼下　下楼

车上　上车　车下　下车

上飞机　下飞机　上火车　下火车

第三组:

回国　回家　回办公室

回电话(huí diànhuà—to call back)　回信(huíxìn—to write back/a letter in reply)

回信儿(to reply in written or spoken forms)

第四组:

确认机票

确认参加聚会的人

确认开会的时间

确认预订(yùdìng—to make reservations in advance)的房间

确认客人(kèrén—guest)的姓名

第五组:

信写好了。　饭做好了。

饭店订好了。　行李(xíngli—luggage)准备好了。

钱换好了。　出租车订好了。

门没关好。　门没锁(suǒ—to lock)好。

第六组:

晚饭已经做好了。　已经做好了晚饭。　已经做好晚饭了。
家具已经买好了。　已经买好了家具。　已经买好家具了。
回信已经写好了。　已经写好了回信。　已经写好了回信了。

第七组:

你的生日是什么时候？　什么时候的航班？
他什么时候结婚？　她什么时候在家？
你准备什么时候去旅游？　你想什么时候走？

第八组:

春节快到了。
快到新年了。
圣诞节就要到了。
后天就是国庆节(Guóqìngjié—National Day)了。
学校快要放假了。
我们下星期就要回国了。
一刻钟以后飞机就要到了。
明年他就要考(kǎo—to take the exam)大学了。

2. 替换练习 Tìhuàn liànxí **Pattern drills**

(1) 楼下有公用电话。

楼上　厕所(cèsuǒ—toilet)
楼旁边　一条马路(mǎlù—road)
楼对面　停车场(tíngchēchǎng—parking lot)
楼前边　酒吧

(2) A: 喂(wéi—Hello)，是国际航空公司吗？

假日旅行社/中国大使馆(dàshǐguǎn—embassy)
花园饭店/售票处(shòupiàochù—ticket office)
B1: 是。您好。
B2: 对不起，您打错了。

(3) 我想给她打电话，但是我忘了她的电话号码。

发电子邮件　电子邮件地址
发短信　手机号码
订机票　护照号码

(4) 他们打算(dǎsuàn—to intend)八点之前到飞机场。

　　九点　　学校

　　上午十点　　你家

　　下午两点半　　火车站

(5) 我要向朋友告别。

　　应该　　同学

　　必须(bìxū—must)　　同事

　　得(děi—to have to)　　老板

3. 完成句子 Wánchéng jùzi **Complete the following sentences.**

(1) 飞机应该上午到，可是 ______

(2) 他的手机没电了，他只好 ______

(3) 没订到飞机票，我只好 ______

(4) 银行下班了，马先生只好 ______

(5) 休假之前，要 ______

(6) 从中国回来之后，他 ______

4. 看图说话 Kàn tú shuōhuà **Describe the pictures in Chinese.**

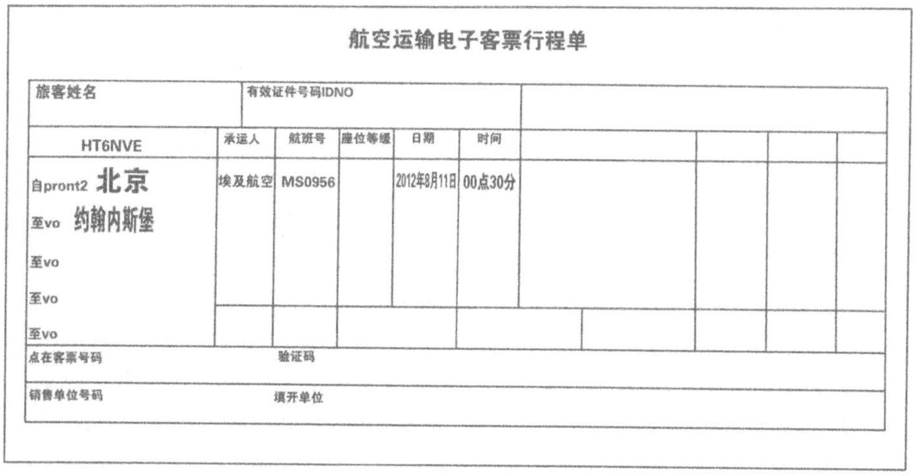
航空运输电子客票行程单

旅客姓名	有效证件号码IDNO					
HT6NVE	承运人	航班号	座位等级	日期	时间	
自pront2 北京						
至vo 约翰内斯堡	埃及航空	MS0956		2012年8月11日	00点30分	
至vo						
至vo						
至vo						
点在客票号码	验证码					
销售单位号码	填开单位					

Tips: Talk about a journey accordingly

5. 复习课文 Fùxí kèwén **Review this lesson's texts.**

(1) Write a short paragraph based on the topics of this lesson and share it with your classmates.
(2) Ask each other questions based on the texts.
(3) Express the main contents/ideas of each text in your own words.

6. 交际练习 Jiāojì liànxí **Communication exercises**

(1) Tell your colleague something about a scheduled flight.
(2) Ask your friend to book a flight ticket for you.
(3) Say goodbye to your friends before you leave for a holiday.

学汉字 Xué Hànzì Learn Chinese characters

1. 认写汉字 Rèn xiě Hànzì **Read and write Chinese characters.**

Example	Pinyin	Write Chinese Characters						
票	piào							
航	háng							
空	kōng							
际	jì							
早	zǎo							
休	xiū							
确	què							
留	liú							
充	chōng							

Example	Pinyin	Write Chinese Characters						
值	zhí							
同	tóng							
订	dìng							

2. **汉字部件** Hànzì bùjiàn **Character components**

日(日字旁，rìzìpáng—the radical "sun"): 明，晚，时

土(提土旁，títǔpáng—the radical "earth"): 地，址，场，城

Notes Xuéxí bǐjì 学习笔记

日期(Rìqī) Date: ____年____月____日

问题和困难 Wèntí hé kùnnan
Questions and difficulties:

Xuéxí bǐjì
学习笔记 Notes

最想学的新词语 Zuì xiǎng xué de xīn cíyǔ
New words I want to learn:

Dì-èrshísān Kè Bǎ Dìtú gěi Wǒ Kànkan

第二十三课 把地图给我看看

Lesson 23 Show me the map

课文一 Kèwén yī Text one

唐非亚：张小姐，把地图给我看看。

Táng Fēiyà: zhāng xiǎojiě, bǎ dìtú gěi wǒ kànkan.

张小姐：给你。

Zhāng xiǎojiě: Gěi nǐ.

唐非亚：从地图上看，北京离香港比较远。

Táng Fēiyà: Cóng dìtú shang kàn,
Běijīng lí Xiānggǎng bǐjiào yuǎn.

张小姐：从这儿到那儿大约三千公里。

Zhāng xiǎojiě: Cóng zhèr dào nàr dàyuē sānqiān gōnglǐ.

唐非亚：中国真大。

Táng Fēiyà: Zhōngguó zhēn dà.

张小姐：是啊，中国从东到西，从南到北，都有几千公里。

Zhāng xiǎojiě: Shì a, Zhōngguó cóng dōng dào xī, cóng nán dào běi, dōu yǒu jǐ qiān gōnglǐ.

你要去香港吗？

Nǐ yào qù Xiānggǎng ma?

唐非亚：对，我朋友请我去参加她的婚礼。

Táng Fēiyà: Duì, wǒ péngyou qǐng wǒ qù cānjiā tā de hūnlǐ.

参考词汇 Cānkǎo cíhuì New words

1.	把	bǎ	(denoting the disposal of sth.)
2.	地图	dìtú	map
3.	从……上看	cóng ... shang kàn	from; according to sth.
4.	离	lí	from (in giving distances)
5.	比较	bǐjiào	quite, relatively, comparatively
6.	公里	gōnglǐ	kilometre
	米	mǐ	metre
7.	真	zhēn	real; really
8.	是啊	shì a	(it's) indeed, sure
	啊	a	(a modal particle to express an affirmative, surprise or admiration tone)

9. 东	dōng	east
南	nán	south
西	xī	west
北	běi	north
10. 请	qǐng	to invite
邀请	yāoqǐng	to invite; invitation
11. 婚礼	hūnlǐ	wedding

课文二 Kèwén èr Text two

有一次，唐非亚去市中心，没想到迷路了。她向一个人问路：“请问，去地铁站怎么走？”那人告诉她：“过马路，往东走，再往南拐，那儿有一个邮局，地铁站在邮局旁边。”她听了以后，更糊涂了。

Yǒu yí cì, Táng Fēiyà qù shì zhōngxīn, méi xiǎngdào mílù le. Tā xiàng yí gè rén wèn lù: “Qǐngwèn, qù dìtiě zhàn zěnme zǒu?” Nà rén gàosu tā: “guò mǎlù, wǎng dōng zǒu, zài wǎng nán guǎi, nàr yǒu yí gè yóujú, dìtiě zhàn zài yóujú pángbiān.” Tā tīngle yǐhòu, gèng hútu le.

参考词汇 Cānkǎo cíhuì New words

1. 有一次	yǒu yí cì	one time; once
2. 市中心	shì zhōngxīn	city centre
3. 没想到	méi xiǎngdào	never expect
想到	xiǎngdào	to expect (sth. to happen); to think of; to call to mind
4. 迷路	mílù	to lose one's way
5. 问路	wèn lù	to ask the way
6. 地铁站	dìtiě zhàn	underground station; subway station
7. 过	guò	to cross, to pass; to spend (time), to pass (time)
8. 马路	mǎlù	street, road
9. 糊涂	hútu	confused

注　释 Zhùshì Notes

1. **把地图给我看看。** Bǎ dìtú gěi wǒ kànkan. **Show me the map.**

A. 把-sentence is often used in Chinese. The function of 把 is to move the position of the object (from behind the main verb to the front of it).The purpose of the movement is to indicate or emphasize the disposal on the object and to keep the sentence in good balance.
Compare the following two sentences:

我给他地图了。/ 我把地图给他了。

The first sentence, as a regular narrative sentence, emphasizes the verb and can answer the question, "What did you do?"

The second, a sentence with 把, emphasizes the object and can answer the question, "What did you do with the map?"

The basic form of 把-sentences:

Subject + 把 + direct object + verb + other elements

B. The verb in a 把 - sentence can be followed by a complement indicating a result.

The basic form of this kind of 把-sentence:

Subject + 把 + object + verb + 在 / 到 / 给 / 成 + object + (了).

C. The main verb in 把-sentences must be a transitive one, and often it has the meaning "dispose of" or "manipulate". Verbs such as 有, 在, 是, 来, 去, 回, 喜欢, 觉得, 知道, etc., which do not have the meaning "dispose of" or "manipulate", cannot be used in 把-sentences.

D. The object in 把-sentence is usually something specific in the speaker's mind. Therefore, a sentence, such as 我把一张地图给他了 is not common expression. We can say : 我把那张地图给他了.

E. The verb in 把-sentence must take some other element(s) after it to indicate the result or effect of the act. These "other element" may be 了, a reduplicated verb, the object and a complement of the verb, etc.

F. A modal verb or adverb (functioning as an adverbial) must be put before 把. For example:

你要把地图给我。

The negative adverb 没(有) is placed before 把 to make negative sentences. For example:

她没把地图给我。

2. **我朋友请我去参加她的婚礼。** Wǒ péngyou qǐng wǒ qù cānjiā tā de hūnlǐ.

My friend invited me to her wedding.

When we ask someone to do something, we use the pivotal construction. Its predicate is composed of two verbal phrases. The object of the first verb is also the subject of the second verb. The first verb in the pivotal construction should be a verb with a meaning of "making" somebody do something, such as 请, 让, 叫 or 派 (pài—to send for).

请 is used in formal situations and sounds more polite.

拓展练习 Tuòzhǎn liànxí Develop skills

1. 听读 Tīng dú Listening and reading

第一组:

真好　　真好看　　真有意思

比较远　　比较难　　比较便宜

第二组:

怎么走　　怎么做　　怎么用　　怎么说　　怎么写

怎么来　　怎么去　　怎么卖　　怎么回来

第三组:

东边　　南边　　西边　　北边

东部　　南部　　西部　　北部　　中部

南方　　北方　　中间

第四组：

上海在中国东部　　香港在中国南部

台湾 (Táiwān—Taiwan) 在中国东南部　　西藏在中国西南部

黑龙江省 (Hēilóngjiāng Shěng—Heilongjiang Province) 在中国东北部

新疆 (Xīnjiāng—Xinjiang) 在中国西北部

安徽省 (Ānhuī Shěng—Anhui Province) 在中国中部

第五组：

我们坐在两边，他坐在中间。

屋子中间有一把椅子。

他坐在我们两人中间。

两国之间

两人之间

八点到九点之间

地铁站在两个商店之间。

邮局和商店之间有一条小路。

第六组：

东非	南非	西非	北非	中非
非洲东部	非洲南部	非洲西部	非洲北部	非洲中部

第七组：

马达加斯加 (Mădájiāsījiā—Madagascar) 在莫桑比克 (Mòsāngbǐkè—Mozambique) 东边。

肯尼亚 (Kěnníyà—Kenya) 在埃塞俄比亚 (Āisài'ébǐyà—Ethiopia) 南边。

加蓬 (Jiāpéng—Gabon) 在刚果 (Gāngguǒ—Congo) 西边。

埃及 (Āijí—Egypt) 在苏丹 (Sūdān—Sudan) 北边。

突尼斯 (Tūnísī—Tunis) 在阿尔及利亚 (Ā'ěrjílìyà—Algeria) 东北边。

塞内加尔 (Sāinèijiā'ěr—Senegal) 在几内亚 (Jǐnèiyà—Guinea) 西北边。

毛里塔尼亚 (Máolǐtǎníyà—Mauretania) 在西撒哈拉 (Xīsāhālā—Western Sahara) 东南边。

尼日尔 (Ní' rì' ěr-Niger) 在利比亚 (Lìbǐyà—Libya) 西南边。

多哥 (Duōgē—Togo) 在加纳 (Jiānà—Ghana) 和贝宁 (Bèiníng—Benin) 之间。

索马里 (Suǒmǎlǐ—Somalia) 在非洲东部 。

马里 (Mǎlǐ—Mali) 在非洲西部。

第八组：

过马路　　过桥 (qiáo—bridge)

过春节　　回国过春节

过生日　　在家过生日

第九组：

把"午"写成了"牛"

把"ji"听成了"qi"

把" snack" 拼 (pīn—to spell) 成了"snake"

把明天的机票改 (gǎi—to change) 成后天的

把英语翻译 (fānyì—to translate) 成汉语

2. 替换练习 (Tìhuàn liànxí) Pattern drills

(1) 把(那本)书给我。

(那张)地图/(那些)照片 (zhàopiàn—photo)

(那件)衣服 (yīfu—clothes)　(那双)鞋 (xié—shoe)

(2) 请把(这本)词典给我看看。

(你们的)菜单 (càidān—menu)/(你的)笔记 (bǐjì—note)

(买东西的)收据 (shōujù—receipt)

(那张借的)光盘 (guāngpán—CD/DVD disk)

(3) 她把书放 (fàng—to put) 在汽车里了。

办公室里　书包里

桌子 (zhuōzi—table) 上

书架 (shūjià—bookshelf) 上

床 (chuáng—bed) 上

(4) 你把手机放哪儿了?

钱/钱包/笔记本/行李 (xíngli—luggage)

(5) 中国离尼日利亚很远。

坦桑尼亚 (Tǎnsāngníyà—Tanzania)　科特迪瓦 (Kētèdíwǎ—Côte d'Ivoire)

摩洛哥 (Móluògē—Morocco)　安哥拉 (Āngēlā—Angola)

香港　阿尔及尔

我的家　学校

停车场　火车站

那个办公楼　中国大使馆

(6) 离上课还有半小时。

下课/上飞机

银行开门 [kāimén—(of a shop etc.) to begin a day's business]

商店关门 [guānmén—(of a shop etc.) to close a day's business]

(7) 他们从九点开始上班。

明天　放假

七月　休假

下星期　加班 (jiābān—to work overtime)

(8) 没想到在这儿见到你。

能来中国留学/有机会 (jīhuì—opportunity) 出国工作

飞机票这么 (zhème—so/such) 贵

在这儿生活 (shēnghuó—to live) 这么方便 (fāngbiàn—convenient)

3. 完成句子 (Wánchéng jùzi) **Complete the following sentences.**

(1) 从照片（上）看，

(2) 从时间（上）看，

(3) 东边有一个教堂 (jiàotáng—church)，西边有

(4) 有一次，我

(5) 我让他

(6) 他让我

4. 看图说话 Kàn tú shuōhuà **Describe the pictures in Chinese.**

Tips: Make several 把-sentences accordingly

5. 复习课文 Fùxí kèwén **Review this lesson's texts.**

(1) Write a short paragraph based on the topics of this lesson and share it with your classmates.
(2) Ask each other questions based on the texts.
(3) Express the main contents/ideas of each text in your own words.

6. 交际练习 Jiāojì liànxí **Communication exercises**

(1) Describe the location of a place on a map.
(2) Give directions to someone.
(3) Draw a map that shows the way from the city centre to your office.

学汉字 Xué Hànzì Learn Chinese characters

1. 认写汉字 Rèn xiě Hànzì **Read and write Chinese characters.**

Example	Pinyin	Write Chinese Characters						
东	dōng							
南	nán							
西	xī							
北	běi							
离	lí							
真	zhēn							
把	bǎ							
较	jiào							
迷	mí							

Example	Pinyin	Write Chinese Characters						
路	lù							
更	gèng							
图	tú							
啊	a							

2. 汉字部件 Hànzì bùjiàn **Character components.**

阝(右耳刀，yòu'ěrdāo—the "ear" radical on the right): 都，邮，那

阝(左耳刀，zuǒ'ěrdāo—the "ear" radical on the left): 阴(yīn)，阳(yáng) (More about 阴阳: In Chinese philosophy, yin-yang is a pair of opposing principles in nature, the former feminine and passive, the latter masculine and active.)

Xuéxí bǐjì
学习笔记 **Notes**

Rìqī
日期：　　年　　月　　日
Date

问题和困难 Wèntí hé kùnnan
Questions and difficulties:

Notes Xuéxí bǐjì 学习笔记

最想学的新词语 Zuì xiǎng xué de xīn cíyǔ
New words I want to learn:

Dì-èrshísì Kè Wǒ de Diànnǎo Huài le

第二十四课 我的电脑坏了

Lesson 24 My computer is broken

课文一 Kèwén yī Text one

唐非亚：王朋，我的电脑坏了。
Táng Fēiyà: Wáng Péng, wǒ de diànnǎo huài le。
你能帮我修一下儿吗？
Nǐ néng bāng wǒ xiū yíxiàr ma?

王 朋：出什么问题了？
Wáng Péng: Chū shénme wèntí le?

唐非亚：好像有病毒，打开以后，
Táng Fēiyà: Hǎoxiàng yǒu bìngdú, dǎkāi yǐhòu,
经常死机。
jīngcháng sǐjī.

王 朋：我修不了，
Wáng Péng: Wǒ xiū bu liǎo,
因为没有杀毒软件。你有吗？
yīnwèi méiyǒu shādú ruǎnjiàn. Nǐ yǒu ma?

唐非亚：没有最新的。
Táng Fēiyà: Méiyǒu zuì xīn de.

王 朋：听说老李有，可以借他的用用。
Wáng Péng: Tīngshuō Lǎo Lǐ yǒu, kěyǐ jiè tā de yòngyong.

参考词汇 Cānkǎo cíhuì New words

1. 坏	huài	to break; become or make bad; out of order; broken
2. 帮	bāng	to help; to assist; to aid
3. 修（理）	xiū(lǐ)	to repair, to fix
4. 出问题	chū wèntí	to go wrong; to go amiss; to cause trouble
问题	wèntí	question, problem, trouble, issue
5. 好像	hǎoxiàng	seem; be like
6. 病毒	bìngdú	virus (in people, animals or plants/in computer)
7. 经常	jīngcháng	often, frequently

8. 死机	sǐjī	(computer) to crash
9. 修不了	xiū bu liǎo	not possible to repair; can't do anything for the repair
修得了	xiū de liǎo	possible to repair
10. 杀毒软件	shādú ruǎnjiàn	antivirus software
软盘	ruǎnpán	floppy disk
硬件	yìngjiàn	hardware
11. 最新	zuì xīn	latest
12. 听说	tīngshuō	to hear; to hear of; to be told
13. 老	lǎo	old (not young); old (not new); (used as a prefix)

课文二 Kèwén èr Text two

小钱家的很多东西都是旧的，老出毛病。上星期电视机开关坏了，电视打不开，刚修好，昨天冰箱门又坏了，关不上了。他不想修了。最近他挣了点儿小钱，他打算买新的。

Xiǎo Qián jiā de hěn duō dōngxi dōu shì jiù de, lǎo chū máobìng. Shàng xīngqī diànshìjī kāiguān huài le, diànshì dǎ bu kāi, gāng xiūhǎo, zuótiān bīngxiāng mén yòu huài le, guān bu shàng le. Tā bù xiǎng xiū le. Zuìjìn tā zhèngle diǎnr xiǎo qián, tā dǎsuàn mǎi xīn de。

参考词汇 Cānkǎo cíhuì New words

1. 东西	dōngxi	thing
买东西	mǎi dōngxi	to buy something; to go shopping
2. 旧	jiù	used, old (not new), worn
3. 老	lǎo	always; very often; (of food) overdone
4. 出毛病	chū máobìng	to be or go out of order; malfunction
毛病	máobìng	breakdown, trouble
5. 开关	kāiguān	switch
开	kāi	to open; to switch on; to turn on; to start or operate (a machine, car, etc.); to start or run (a school, store, etc.); to hold or attend a meeting
关	guān	to shut, to close; to switch off; to turn off
6. 打不开	dǎ bu kāi	not possible to open
打得开	dǎ de kāi	possible to open
打开	dǎkāi	open
7. 刚（刚）	gāng(gāng)	just

8. 冰箱 bīngxiāng refrigerator
9. 门 mén door
10. 关不上 guān bu shàng impossible to be closed
关得上 guān de shàng possible to be closed
关上 guānshàng to close; to make (it) closed
11. 最近 zuìjìn recently, lately
12. 挣 zhèng to earn (money)
13. 小钱 xiǎo qián a little money; a small sum of money
14. 打算 dǎsuàn to intend, to plan

注释 Zhùshì Notes

1. 老李、小钱 Lǎo Lǐ, Xiǎo Qián **Lao Li, Xiao Qian**

老 and 小, used as prefixes, are attached in front of monosyllabic surnames to make a form of address for an acquaintance or a friend indicating intimacy or informality.

老 is used to elder men or women, and 小 to young people.

2. 我修不了。 Wǒ xiū bu liǎo **I can't fix it.**

A. 修不了 denotes the potential result of an action. It is called a potential complement.

verb + 得 / 不 + 了 (liǎo) is the pattern of potential complements. We can use it to express whether an action will possibly achieve a result or reach a state. 了 conveys a sense of " to finish, complete, realize". For example:

到得了　到不了
去得了　去不了
吃得了　吃不了

B. 得 or 不 can be inserted between a verb and a resultative or directional complement in the construction. For example:

打开——打得开、打不开
关上——关得上、关不上
出去——出得去、出不去

C. The interrogative forms of potential complements are shown in the following examples:

A: 门关得上吗?　B: 关得上。
A: 门关得上关不上?　B: 关不上。
A: 他修得了修不了这个电脑?　B: 修得了。

D. The negative forms of potential complements are used more often than their positive forms.

E. As the sentences with potential complements indicate only possibility, they cannot have 把-construction.We cannot say 把电脑修得了.

Compare: The usage of the modal verbs 能, 可以 and the potential complements.

*When expressing someone has the ability to do something, or a condition permits someone to do something, either modal verbs or potential complements can be used. For example:

我能去。　你可以去。　我去得了。

* When expressing the subjective or objective condition is not sufficient, one usually uses potential complements but not modal verbs. For example:

菜太多，吃不了。(incorrect: 菜太多，不能吃。)

*When trying to dissuade someone from doing something, or requesting a particular action to take place, one uses an modal verb, e.g.,

你不能去那儿。(incorrect: 你去不了那儿。)

3. **没有最新的。** Méiyǒu zuì xīn de. **We don't have the latest version.**

(See the note about the usage of 的 phrase in Lesson7.)

拓展练习 Tuòzhǎn liànxí Develop skills

1. 听读 (Tīng dú) Listening and reading

第一组:

新朋友　老朋友

新同学　老同学

新衣服　旧衣服

新房子　旧房子　老房子　新房 (xīnfáng—bridal chamber)

第二组:

电灯 (diàndēng—light) 坏了

电炉子 (diàn lúzi—electric cooker) 坏了

遥控器 (yáokòngqì—remote control) 坏了

马桶 (mǎtǒng—nightstool) 坏了

水龙头 (shuǐlóngtóu—tap) 坏了

第三组:

好像要下雨了。　好像病了。

好像死了。　好像不高兴了。

好像出问题了。　好像出毛病了。

第四组:

经常上网　经常加班

经常喝酒　经常出差

老迟到 (chídào—to be always late)　老生病 (shēngbìng—to be sick)

第五组:

回得来　回不来

上得去　上不去

听得懂　听不懂

看得见　看不见

买得起 (mǎi de qǐ—can afford to buy)

买不起 (mǎi bu qǐ—can't afford to buy)

拿得动 [ná de dòng—can hold/carry (sth. by hand)]

拿不动 [ná bu dòng—can't hold/carry (sth. by hand)]

对得起 (duì de qǐ—to treat someone fairly; to be worthy of)

对不起 (duì bu qǐ—to let down; to be unfair to (sb.); sorry; pardon me; excuse me)

看不起 (kàn bu qǐ—to have no regard for; to look down on; to despise)

看得起 (kàn de qǐ—to have regard for; to think highly of)

第六组:

这支笔是我的，那支是他的。

这是小李的手机， 不是老张的。

这辆汽车是我们公司的，那辆是他们公司的。

这个杀毒软件盘是李明的，那个是张朋的。

第七组:

我的书包是蓝色 (lánsè—blue) 的，她的是黄色 (huángsè—yellow) 的。

这家超市的东西便宜，那家的贵。

那边的停车场车很多，这边的不多。

第八组:

A: 几点的电影？　　B: 八点的。

A: 哪天的飞机？　　B: 后天的。

A: 那是谁的 U 盘？　　B: 小黄的。

2. 替换练习 Tìhuàn liànxí **Pattern drills**

(1) 请帮我修一下儿电视。

鞋 / 房子 / 床

桌子 / 椅子 / 沙发

(2) 他想向银行借钱。

公司 / 他哥哥 / 他朋友

亲戚 (qīnqi—relative)/ 他叔叔 (shūshu—uncle)

(3) 她借给我两百块钱。

一个杀毒软件光盘 / 一辆自行车 (zìxíngchē—bicycle)

一间房子 / 一把雨伞 (yǔsǎn—umberella)

一个 DVD 机（DVD jī—DVD player）

(4) 我明天还（huán—to return）你钱。

书 / 笔记 / 自行车

杀毒盘 / 插头 (chātóu—plug)

(5) 我好像见过那个人。

听说过 / 看到过 / 没见过 / 没听说过

(6) 请把门关上。

关好 / 打开 / 开开

锁 (suǒ—to lock) 好 / 锁上

(7) 明天的聚会你去得了吗？

会　　　参加得了

会　　　　开得了

汉语课　　上得了

(8) 下午三点之前你到得了到不了？

晚上八点 / 午饭

考试（kǎoshì—test）/ 婚礼开始

3. 完成句子 Wánchéng jùzi **Complete the following sentences.**

(1) 这套 (tào—measure word) 房子他买得起，他打算 ______

(2) 路上堵车（dǔchē—traffic jam），我 ______

(3) 电脑要经常杀毒，要不（yàobù—otherwise, if not）______

(4) 听说 ______，所以我要给她准备一件礼物。

(5) 这次修好电脑以后，我要 ______

(6) 他在大学是学电脑硬件的，所以 ______

4. 看图说话 Kàn tú shuōhuà **Describe the pictures in Chinese.**

Tips: Use the sentence pattern ... 得了 or ... 不了)

5. 复习课文 Fùxí kèwén **Review this lesson's texts.**

(1) Write a short paragraph based on the topics of this lesson and share it with your classmates.
(2) Ask each other questions based on the texts.
(3) Express the main contents/ideas of each text in your own words.

6. 交际练习 Jiāojì liànxí **Communication exercises**

(1) Describe what you can do if your computer does not work.
(2) Ask someone to buy some computer components that you need.
(3) In pairs, role-play a telephone conversation requesting someone to repair something broken at your home.

学汉字 Xué Hànzì Learn Chinese characters

1. 认写汉字 Rèn xiě Hànzì **Read and write Chinese characters.**

Example	Pinyin	Write Chinese Characters						
坏	huài							
旧	jiù							
软	ruǎn							
硬	yìng							
冰	bīng							
帮	bāng							
算	suàn							
死	sǐ							

Example	Pinyin	Write Chinese Characters						
修	xiū							
常	cháng							
像	xiàng							
杀	shā							
病	bìng							
毒	dú							

2. 汉字部件 Hànzì bùjiàn **Character components**

冫(两点水，liǎngdiǎnshuǐ —the "two-drop-of-water" radical): 冰，冷(lěng—cold)

巾(巾字底，jīnzìdǐ—the "cloth" radical at the bottom): 帮，带(dài—to bring)

Notes Xuéxí bǐjì 学习笔记

日期 Rìqī Date: ____年____月____日

问题和困难 Wèntí hé kùnnan
Questions and difficulties:

Xuéxí bǐjì
学习笔记 Notes

Rìqī
日期：　年　月　日
Date

最想学的新词语 Zuì xiǎng xué de xīn cíyǔ
New words I want to learn:

Dì-èrshíwǔ Kè Yào Bu Yào Qù Yīyuàn?

第二十五课 要不要去医院?

Lesson 25 Shall we go to see a doctor?

课文一 Kèwén yī Text one

钱小红：你怎么了？病了？

Qián Xiǎohóng: Nǐ zěnme le? Bìng le?

王　朋：我觉得有点儿不舒服，

Wáng Péng: Wǒ juéde yǒu diǎnr bù shūfu,

好像有点儿发烧。

hǎoxiàng yǒudiǎnr fāshāo.

钱小红：是吗？要不要去医院？

Qián Xiǎohóng: Shì ma? Yào bu yào qù yīyuàn?

王　朋：体温不太高。可能感冒了。

Wáng Péng: Tǐwēn bú tài gāo. Kěnéng gǎnmào le.

刚才我吃了药了。

Gāngcái wǒ chīle yào le.

钱小红：明天要是还不好，就去医院。

Qián Xiǎohóng: Míngtiān yàoshi hái bù hǎo, jiù qù yīyuàn.

明天能上班吗？要不要请假？

Míngtiān néng shàngbān ma? Yào bu yào qǐngjià?

王　朋：明天早上再说吧。

Wáng Péng: Míngtiān zǎoshang zài shuō ba.

钱小红：十点了，早点儿睡觉吧，好好休息休息。

Qián Xiǎohóng: Shí diǎn le, zǎo diǎnr shuìjiào ba, hǎohāo xiūxi xiūxi.

参考词汇 Cānkǎo cíhuì New words

1. 医院	yīyuàn	hospital
去医院	qù yīyuàn	to go to hospital; to see a doctor
2. 怎么	zěnme	how, what, why
3. 病	bìng	to be sick; to be ill; illness, sickness
4. 舒服	shūfu	comfortable, well
5. 发烧	fāshāo	to have a fever; fever

6. 体温	tǐwēn	(body) temperature
7. 高	gāo	high, tall
8. 感冒	gǎnmào	cold; to have a cold
9. 刚才	gāngcái	a moment ago; just now
10. 药	yào	medicine
11. 要是……就……	yàoshi...jiù...	if ... (then) ...
12. 请假	qǐngjià	to ask for leave
13. 再说	zài shuō	to put off until some time later
再	zài	(for a delayed action) then; only then
14. 早点儿	zǎodiǎnr	early
15. 睡（觉）	shuì(jiào)	to sleep; to go to bed
16. 休息	xiūxi	to rest; to have a rest; to take a break

课文二 Kèwén èr Text two

一般来说，食物、休息、运动和情绪对身体非常重要，所以平时要多注意这些方面。祝你身体健康！

Yìbān lái shuō, shíwù, xiūxi, yùndòng hé qíngxù duì shēntǐ fēicháng zhòngyào, suǒyǐ píngshí yào duō zhùyì zhèxiē fāngmiàn. Zhù nǐ shēntǐ jiànkāng!

参考词汇 Cānkǎo cíhuì New words

1. 一般来说	yìbān lái shuō	generally speaking
一般	yìbān	general, ordinary, common; so-so
2. 食物	shíwù	food
3. 运动	yùndòng	physical exercises (for health); sport
4. 情绪	qíngxù	mood, emotion
5. 对……非常重要	duì...fēicháng zhòngyào	very important to (sb./sth.)
非常	fēicháng	very, extremely
重要	zhòngyào	important
6. 身体	shēntǐ	body, health
7. 平时	píngshí	at ordinary times; in normal times
8. 注意	zhùyì	to pay attention to; to take note of
9. 方面	fāngmiàn	aspect, respect, side, field
10. 健康	jiànkāng	health; good health; healthy

注释 Zhùshì Notes

1. **你怎么了？** Nǐ zěnme le? **What's the matter with you? / What's wrong with you?**
怎么了 is used to inquire about the process, causes and reason of something that has happened.

2. **是吗?** Shì Ma? **Really?**

The phrase 是吗? does not raise a question here, but expresses the speaker's surprise. It can also express a pleasant surprise.

3. **好好休息休息。** Hǎohāo xiūxi xiūxi. **Take a good rest.**

In Chinese, some adjectives can be reduplicated to express a higher degree. The reduplicated form for monosyllabic adjectives is AA. The second syllable may have an r-retroflexion in spoken language. For example:

好好　　好好儿

The form AABB is for disyllabic adjectives. For example:

舒舒服服　　高高兴兴

(A reduplicated adjective or phrase can be used as an adverbial modifier. See the note in Lesson 35 for details.)

拓展练习 Tuòzhǎn liànxí Develop skills

1. **听读** Tīng dú **Listening and reading**

第一组:

头疼 (tóuténg—headache)

嗓子疼 (sǎngzi téng—sore throat)

牙疼 (yá téng—toothache)

胃疼 (wèi téng—stomachache)

咳嗽 (késou—cough)

拉肚子 (lā dùzi—to suffer from diarrhoea)

发烧 39 度 (dù—degree)

第二组:

大夫 (dàifu—doctor)

医生 (yīshēng—doctor)

护士 (hùshi—nurse)

挂号 (guàhào—to register at a hospital)

急诊 (jízhěn—emergency call/treatment)

住院 (zhù yuàn—to be hospitalized)

第三组:

早点儿来　　早点儿去　　早点儿回来

晚点儿吃饭　　晚点儿睡觉

快点儿走　　慢 (màn—slowly) 点儿走

慢走!(Màn zǒu!—Goodbye!/Take care!)

(from the host or hostess when seeing off a guest)

第四组:

不太好　　不太忙　　不太远　　不太大　　不太难

不太好看　　不太好吃

不太舒服　　不太干净 (gānjìng—clean)

第五组：

身体好极（jí—extremely）了

身体特别 (tèbié—very, especially) 好

身体非常好

身体很好

身体比较好

身体好

身体不太好

身体不好

身体很不好

身体非常不好

身体特别不好

第六组：

注意看　　注意听

注意拼写 (pīnxiě—spell/spelling)　　注意发音 (fāyīn—pronunciation)

多注意身体　　多注意休息　　多注意安全 (ānquán—safety)

多喝水　　多吃水果　　多锻炼 (duànliàn—exercise) 身体

少说话　　少喝酒　　少去酒吧　　少看电视

第七组：

请假　　请一天假　　请假一天　　向老板请假

放假　　放两天假　　放一个星期假

春节放假七天　　春节放七天假

放暑假 (shǔjià—summer vacation)　　放寒假 (hánjià—winter vacation)

休假　　休一个月假　　回国休假　　回家休假

度假 (dùjià—to have a holiday/vacation)　　去度假　　来非洲度假

第八组：

睡觉　　睡得着觉　　睡不着觉

睡得好　　睡不好觉

睡七个小时　　睡了两个小时觉

睡了一会儿　　睡一会儿觉

2. 替换练习 Tìhuàn liànxí　**Pattern drills**

(1) 要不要去医院。

吃药 / 借钱 / 写信

订机票 / 订房间

买股票（gǔpiào—stocks）

(2) 要是病了，就早点儿去医院。

身体不好	在家休息吧
觉得不舒服	别去上班了
困 (kùn—to be sleepy) 了	睡觉吧
天气不好	别去了
有困难 (kùnnan—difficulty)	告诉我

(3) 工作对我很重要。

学习	特别（tèbié—special）
学好汉语	非常
钱	比较 (bǐjiào—comparatively)

(4) 这个工作很重要。

身体 / 学习 / 这件事 (shì—matter)

今天的会 / 这次考试（kǎoshì—exam）

锻炼身体

(5) 太晚了，明天再说（吧）。

再去 / 再看 / 再写 / 再打电话 / 再回电话

(6) 现在没时间，下午再说吧。

下星期再说 / 明天见面再说 / 下了班再说

下了课再说 / 吃完饭再说 / 等他回来再说

(7) 现在没有钱买，以后再说。

等有了钱再说 / 明年再说

等你挣了钱再说 / 等你工作以后再说

(8) 她好像病了。

不高兴 / 生气 / 想家 / 有新工作

要去留学 / 要辞职（cízhí—to resign）

(9) 要好好休息。

吃饭 / 睡觉 / 工作

3. 完成句子 Wánchéng jùzi **Complete the following sentences.**

(1) 昨天没睡好觉，因为 ______

(2) 如果觉得不舒服，就 ______

(3) 一般来说，______

(4) 听说小李生病了，我们应该 ______

(5) 你身体不太好，要 ______

(6) A：你喜欢什么运动？ B: ______

4. 看图说话 Kàn tú shuōhuà **Describe the pictures in Chinese.**

Tips: Falling ill

5. 复习课文 Fùxí kèwén **Review this lesson's texts.**

(1) Write a short paragraph based on the topics of this lesson and share it with your classmates.
(2) Ask each other questions based on the texts.
(3) Express the main contents/ideas of each text in your own words.

6. 交际练习 Jiāojì liànxí **Communication exercises**

(1) Describe your illness to a doctor.
(2) Describe the procedure of seeing a doctor or getting a treatment.
(3) Talk about the exercises you take for keeping fit.

学汉字 Xué Hànzì Learn Chinese characters

1. 认写汉字 Rèn xiě Hànzì **Read and write Chinese characters.**

Example	Pinyin	Write Chinese Characters						
医	yī							
院	yuàn							
药	yào							
身	shēn							
体	tǐ							
休	xiū							
息	xī							
烧	shāo							
睡	shuì							
面	miàn							
重	zhòng							
头	tóu							

Example	Pinyin	Write Chinese Characters
疼	téng	
运	yùn	
动	dòng	
锻	duàn	
炼	liàn	
情	qíng	
早	zǎo	

2. 汉字部件 Hànzì bùjiàn **Character components**

目(目字旁, mùzìpáng—the "eye" radical): 睡，眼，睛
疒(病字旁, bìngzìpáng—the "sickness" radical): 病，疼，痛
匚(区字框, qūzìkuàng—the "district" frame radical): 医，区

附 Fù Reference materials

身体部位名称图 Shēntǐ bùwèi míngchēng tú **Body parts**

1. 头 tóu head
2. 头发 tóufa hair
3. 眉毛 méimao eyebrow
4. 眼睛 yǎnjing eye
5. 鼻子 bízi nose
6. 嘴 zuǐ mouth
7. 耳朵 ěrduo ear

8. 脸	liǎn	face
9. 下巴	xiàba	chin
10. 脖子	bózi	neck
11. 肩膀	jiānbǎng	shoulder
12. 手臂	shǒubì	arm
13. 手	shǒu	hand
14. 胸	xiōng	chest
15. 背	bèi	back
16. 腰	yāo	waist
17. 肚子	dùzi	belly
18. 大腿	dàtuǐ	thigh
19. 小腿	xiǎotuǐ	calf
20. 脚	jiǎo	foot

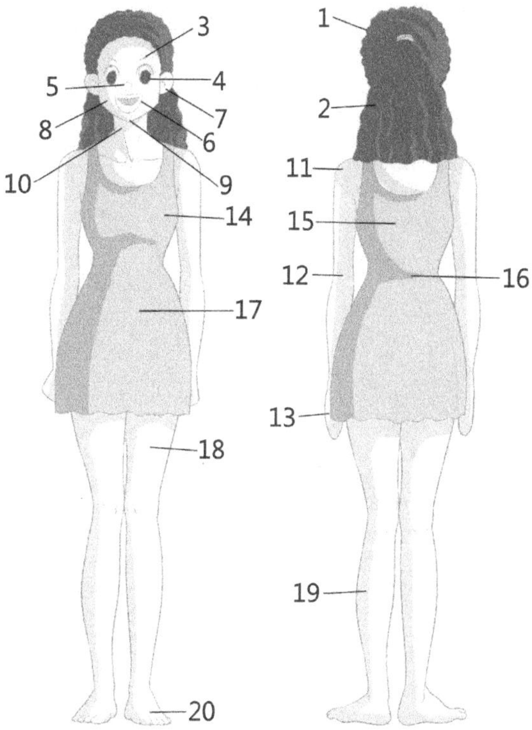

Notes
Xuéxí bǐjì
学习笔记

Rìqī
日期: 年 月 日
Date

问题和困难 Wèntí hé kùnnan
Questions and difficulties:

Xuéxí bǐjì
学习笔记 Notes

最想学的新词语 Zuì xiǎng xué de xīn cíyǔ
New words I want to learn:

Dì-èrshíliù Kè Děi Bàojǐng!

第二十六课 得报警！
Lesson 26 Call the police!

课文一 Kèwén yī Text one

（打电话—Making a phone call）

唐非亚：喂，是李小姐吧？ 我是非亚。

Táng fēiyà: Wèi, shì Lǐ xiáojiě ba? Wǒ shì Fēiyà.

李小姐：你好，非亚。

Lǐ xiǎojiě: Nǐ hǎo, Fēiyà.

唐非亚：我有件急事，不知道怎么办。刚才从出租车出来的时候，我把包落在车里了。包里有护照、U 盘和钱包。

Táng fēiyà: Wǒ yǒu jiàn jí shì, bù zhīdào zěnmebàn. Gāngcái cóng chūzūchē chūlái de shíhou, wǒ bǎ bāo là zài chē li le. Bāo li yǒu hùzhào, U-pán hé qiánbāo.

李小姐：别着急。要想把包找回来，得报警。把你的姓名、坐车时间、丢的东西、联系电话等告诉警察。

Lǐ xiǎojiě: Bié zháojí. Yào xiǎng bǎ bāo zhǎo huílái, děi bàojǐng. Bǎ nǐ de xìngmíng, zuò chē shíjiān, diū de dōngxi, liánxì diànhuà děng gàosu jǐngchá.

唐非亚：报警电话我想不起来了。

Táng fēiyà: Bàojǐng diànhuà wǒ xiǎng bu qǐlái le.

李小姐：110。你也可以去附近的警察局报警。

Lǐ xiǎojiě: Yāo yāo líng. Nǐ yě kěyǐ qù fùjìn de jǐngchájú bàojǐng.

唐非亚：好，我知道怎么办了。谢谢！

Táng fēiyà: Hǎo, wǒ zhīdào zěnmebàn le. Xièxie!

李小姐：保存好坐车的收据。

Lǐ xiǎojiě: Bǎocún hǎo zuò chē de shōujù.

唐非亚：知道。再见！

Táng fēiyà: Zhīdào. Zàijiàn!

参考词汇 Cānkǎo cíhuì New words

1. 是	shì	to be
2. 喂	wèi	Hello! (in phone calls)
3. 报警	bàojǐng	to report (an incident) to the police; to call the police
警察	jǐngchá	policeman
警察局	jǐngchájú	police station
4. 急事	jí shì	urgent matter; something urgent
5. 出租车	chūzūchē	taxi
6. 出	chū	to go or come out
7. 包	bāo	bag
钱包	qiánbāo	purse, wallet
8. 落	là	to leave behind; to forget to bring; to leave out; to be missing
丢	diū	to lose
9. 别着急	bié zháojí	don't worry; don't panic; take your time; take it easy
着急	zháojí	to get worried; to feel anxious
10. 找回来	zhǎo huílái	to get ... back
找	zhǎo	to look for; to try to find; to seek; to give change
11. 联系电话	liánxì diànhuà	contact phone number
联系	liánxì	contact; to contact; to get in touch with
和……联系	hé...liánxì	to contact (sb. or an organization)
12. 保存	bǎocún	to keep, to preserve, to conserve
13. 收据	shōujù	receipt
发票	fāpiào	invoice

课文二 Kèwén èr Text two

有时候碰到急事、难事、危险的事，可以找警察，你会得到帮助。但最重要的是，我们平时要小心，尽量避免这些事。平安是福。

Yǒu shíhou pèngdào jí shì, nán shì, wēixiǎn de shì, kěyǐ zhǎo jǐngchá, nǐ huì dédào bāngzhù. Dàn zuì zhòngyào de shì, wǒmen píngshí yào xiǎoxīn, jǐnliàng bìmiǎn zhèxiē shì. Píng'ān shì fú.

参考词汇 Cānkǎo cíhuì New words

1. 碰到	pèngdào	to meet; to run into
遇到	yùdào	to run into; to come across; to encounter

2.	危险	wēixiǎn	dangerous; danger
3.	事	shì	matter, affair, thing, business; trouble
	事情	shìqing	matter, affair, thing, business
4.	帮助	bāngzhù	to help, to assist, to aid
	帮忙	bāngmáng	to help; to give a hand; to do a favour
5.	得到	dédào	to get, to obtain, to gain
6.	小心	xiǎoxīn	to take care; to be careful; to be cautious
7.	尽量	jǐnliàng	to do the best of one's ability; as far as possible
8.	避免	bìmiǎn	to avoid; to refrain from
9.	平安	píng'ān	safe and sound; well; without mishap
10.	福	fú	good fortune; happiness, blessing

注 释 Zhùshì Notes

1. 从出租车出来 cóng Chūzūchē chūlái **getting out of the taxi**

来 and 去, placed after some other verbs, indicate the direction of an act. They are called simple complements of direction.

If an act is occurring towards the speaker in the direction or something being referred to, 来 is used; for the opposite 去 is used. For example:

他出来了。

他出去了。

If the object of a sentence is a word denoting place, it is placed after the predicate verb and before 来 / 去. For example:

他要到办公室去。　　他进教室来了。

If the object of a sentence is a word referring to something and somebody, it can be placed before or after 来 / 去 . For example:

她买来了一个包。　　她买了一个包来。

他找来了一个人。　　他找了一个人来。

2. 把你的包找回来。 Bǎ nǐ de bāo zhǎo huílái. **Get back your bag.**

When a verb denoting directions such as 上，下，进，出，回，过 and 起 is followed by 来 or 去 and placed after another verb to function as a complement, it is a compound complement of direction.

	上	下	进	出	回	过	起
来	上来	下来	进来	出来	回来	过来	起来
去	上去	下去	进去	出去	回去	过去	×

If the verb takes an object that denotes a place, the object must be placed before 来 or 去 . For example:

他们一起走进办公室去了。 incorrect: 他们一起走进去办公室了。

If the object denotes things, it can be placed either before 来 or 去 or after them. For example:

她买回来一个包。= 她买回一个包来。

If the verb does not take an object in a sentence that needs a particle 了，了 can be placed between the verb and the complement or at the end of the sentence. For example:

她从车里走了下来。　　她从车里走下来了。

3. **报警电话我想不起来了。** Bàojǐng diànhuà wǒ xiǎng bu qǐlái le.

I don't remember the emergency number.

Most complements of direction have extended meanings.

1) 起来: Indicating an act begins and continues.

想起来 means "to recall to mind", "to recall (something forgotten)" or "to remember".

想不起来 and 没想起来 are the negative forms of 想起来.

2) 出来: Indicating the revelation of something through detecting or indicating completion of an action. For example:

我听出来了，这是李小姐的声音 (shēngyīn—voice)。

他想出来一个好办法 (bànfǎ—way/means/measure)。

3) 下去: Indicating something one is doing continues. For example:

请说下去。

4) 下来: Causing something to be fixed or to remain the same. For example:

把联系电话写下来。

The sentence 报警电话我想不起来了 is a sentence with a subject-predicate phrase as the predicate, in which a subject-predicate phrase functions as the predicate and explains or describes the subject. See the following examples:

Subject 1	Predicate 1	
	Subject 2	Predicate 2
报警电话	我	想不起来了。
我的护照	你	找到了没有?

拓展练习 Tuòzhǎn liànxí Develop skills

1. 听读 Tīng dú Listening and reading

第一组:

上来　上楼来　上楼去

下来　下楼来　下楼去

进来　进教室来　进教室去

出来　从办公室出来

出去　从大门出去

回去　从学校回去

回来　从家回来

过去　请过去一下儿

过来　请过来一下儿

第二组:

走进来　走出去　带回来　带回去　拿 (ná) 过去　拿过来

走上来　走下来　跑(pǎo—to run) 上去　跑下去

走进教室去　走出教室来　走下楼来　走上楼去

站(zhàn—to stand)起来　站不起来　没站起来

借来很多钱　带 (dài—to bring) 来一件礼物

第三组:

得去医院　得开会　得换钱

得给他打电话　得给手机充值　得学会中文

第四组:

联系人　联系电话　联系方式 (fāngshì—way)

和家人联系　和朋友联系　和警察局联系

多联系　经常联系

联系不多　没有联系　联系不方便 (fāngbiàn—convenient)

保持 (bǎochí—to keep) 联系　加强 (jiāqiáng—to strengthen) 联系

第五组:

保存好护照　保存好发票

保存好联系电话　保存好文件 (wénjiàn—document)

把信用卡保存好　把钱保存好

把钥匙 (yàoshi—key) 给我　把笔递 (dì—to hand over/pass) 给我

把车牌 (chēpái—plate of car) 号告诉我

第六组:

请他帮忙　请帮个忙

请老师帮助　请律师 (lǜshī—lawyer) 帮助

请政府 (zhèngfǔ— government) 帮助

帮我报警　帮我找东西　帮我订饭店

帮助他学汉语　帮助他学英语

老师给了我很多帮助　你会得到别人的帮助

第七组:

碰到一个老朋友　在商店碰到了以前的同事

见到了张先生　没见到李小姐

找到丢的护照了　没找到丢的钱

找工作　没找工作　找到工作　没找到工作

找我 60 块钱　没找我钱

第八组:

别着急。

别紧张 (jǐnzhāng—to be nervous)。

别害怕 (hàipà—to be afraid of)。

别难过 (nánguò—to feel sorry/be grieved)。

别伤心 (shāngxīn—to feel sad/grieved)。

别担心 (dānxīn—to worry/feel anxious)。

别太高兴。

不要着急。　不用担心。

2. 替换练习 Tìhuàn liànxí **Pattern drills**

(1) 她把书落在办公室了。

手机　图书馆 (túshūguǎn—library)

笔记本　教室 (jiàoshì—classroom)

文件 (wénjiàn—document)　车里

(2) 请把护照号码告诉我。

联系电话　警察局

e-mail 地址　学校

你的要求 (yāoqiú—requirement)　老师

姓名和性别 (xìngbié—gender)　警察

这件事　家里人

(3) 请把词典给我。

笔记本 / 笔 / 杀毒软件盘

那张画儿 (huàr)/ 收据

(4) 请把筷子递给我。

勺子 (sháozi—spoon) / 叉子 (chāzi—fork) / 盘子 (pánzi—plate)

杯子 (bēizi—cup)/ 碗 (wǎn—bowl)

餐巾纸 (cānjīnzhǐ—paper napkin)

菜单 (càidān—menu)/ 账单 (zhàngdān—bill)

(5) 把门打开。

车门 / 窗户 (chuānghu—window)

电视 / 灯

电脑 / 酒瓶

保险箱 (báoxiǎnxiāng—strongbox)

(6) 把姓名写在这张表 (biǎo—form) 上。

网址　申请表（shēnqǐngbiǎo—application form）上

联系电话　通讯录（tōngxùnlù—address book）上

通信地址（tōngxìn dìzhǐ—mail address ）　这儿

(7) 把电视放 (fàng—to put) 在这儿，好吗?

书　桌子上

花儿　架子 (jiàzi—shelf) 上

碗　茶几 (chájī—tea table) 上

杂志 (zázhì—magazine)　卧室 (wòshì—bedroom) 里

报纸 (bàozhǐ—newspaper)　沙发旁边

(8) 把这本书借我看看，好吗?

那张地图　看一下儿

你的笔记　用用

你的词典　　用一下儿

(See the note about the usage of ... 好吗？ in lesson 27.)

(9) 我想不起来他的护照号码了。

名字 / 邮箱地址 / 电话号码

银行卡号码 / 银行卡密码 (mìmǎ—PIN)

(10) A: 你想得起来包丢在哪儿了吗？

护照 / 手机 / 钱包

钥匙 (yàoshi—key)

王先生的名片 (míngpiàn—visiting/calling/business card)

B: 想不起来了。

3. 完成句子 Wánchéng jùzi **Complete the following sentences.**

(1) 你发烧了，得 ______

(2) 要想身体好，你应该 ______

(3) 如果碰到急事，你可以 ______

(4) 遇到危险，要马上 (mǎshàng—at once) ______

(5) 这件事不好办，因为 ______

(6) ______，她高兴地笑了起来。

4. 看图说话 Kàn tú shuōhuà **Describe the pictures in Chinese.**

Tips: Use the pattern... 上来 / 下来 / 出来 / 进来

5. 复习课文 Fùxí kèwén **Review this lesson's texts.**

(1) Write a short paragraph based on the topics of this lesson and share it with your classmates.
(2) Ask each other questions based on the texts.
(3) Express the main contents/ideas of each text in your own words.

6. 交际练习 Jiāojì liànxí **Communication exercises**

(1) Tell your friend how to call police in your country.
(2) Have you had any difficult or dangerous situation? How did you deal with it?
(3) It is common to use 把-sentence to make a request. Try to do it.

学汉字 Xué Hànzì Learn Chinese characters

1. 认写汉字 Rèn xiě Hànzì **Read and write Chinese characters.**

Example	Pinyin	Write Chinese Characters						
报	bào							
丢	diū							
落	luò							
找	zhǎo							

Example	Pinyin	Write Chinese Characters						
事	shì							
忙	máng							
警	jǐng							
察	chá							
局	jú							
包	bāo							
着	zháo							
急	jí							
碰	pèng							
联	lián							
保	bǎo							
存	cún							

2. 汉字部件 Hànzì bùjiàn **Character components**

纟(绞丝旁, jiǎosīpáng—the "floss silk" radical): 给, 经, 结(jié)
辶(走之, zǒuzhī—the "walking" radical): 这, 道, 还, 迎, 远, 近

Xuéxí bǐjì
学习笔记 Notes

Rìqī
日期：　年　月　日
Date

问题和困难 Wèntí hé kùnnan
Questions and difficulties:

Notes Xuéxí bǐjì 学习笔记

最想学的新词语 Zuì xiǎng xué de xīn cíyǔ
New words I want to learn:

Dì-èrshíqī Kè Wǒmen de Xiàoyuán

第二十七课 我们的校园

Lesson 27 Our campus

课文一 Kèwén yī Text one

马　克：小张，这是你第一次来

Mǎkè: Xiǎo Zhāng, zhè shì nǐ dì-yī cì lái

我们学校吧？

wǒmen xuéxiào ba?

小　张：是第一次。那儿有个大牌子，

Xiǎo Zhāng: Shì dì-yī cì. Nàr yǒu ge dà páizi,

好像是地图。

hǎoxiàng shì dìtú.

马　克：对，是校园地图。

Mǎkè: Duì, shì xiàoyuán dìtú.

现在我们在大门口。

Xiànzài wǒmen zài dàménkǒu.

前边是办公楼，右边是教学楼，左边

Qiánbian shì bàngōnglóu, yòubian shì jiàoxuélóu, zuǒbian

是图书馆，旁边有个书店。那边是学生

shì túshūguǎn, pángbiān yǒu ge shūdiàn. Nàbian shì xuésheng

公寓和操场。

gōngyù hé cāochǎng.

小　张：你的办公室在哪儿？

Xiǎo Zhāng: Nǐ de bàngōngshì zài nǎr?

马　克：在教学楼三层。我们先去我的办公室，

Mǎkè: Zài jiàoxuélóu sān céng. Wǒmen xiān qù wǒ de bàngōngshì,

然后我带你去校园看看，好吗？

ránhòu wǒ dài nǐ qù xiàoyuán kànkan, hǎo ma?

小　张：好。

Xiǎo Zhāng: Hǎo.

参考词汇 Cānkǎo cíhuì New words

1. 校园	xiàoyuán	campus
2. 第一次	dì-yī cì	first time
第	dì	(a prefix for ordinal number)
次	cì	(a measure word for action)
3. 来	lái	to come
4. 学校	xuéxiào	school
5. 牌子	páizi	sign, brand
6. 大门口	dàménkǒu	main gate
门口	ménkǒu	gate, door, doorway, entrance
7. 教学楼	jiàoxuélóu	teaching building
教学	jiàoxué	teaching; teaching and studying
教	jiāo	to teach
8. 图书馆	túshūguǎn	library
9. 操场	cāochǎng	playground
10. 学生	xuésheng	student, pupil
11. 层	céng	storey, floor
12. 先……然后……	xiān...ránhòu...	first ... then ...
13. 带	dài	to take, to bring

课文二 Kèwén èr Text two

李老师住在校园里，上班很方便。他上午经常在215教室上课。下课后，他常常去图书馆看书、查资料。中午他回家吃午饭。下午他有时候在家里备课、翻译教材、上网，有时候去操场和同事一起锻炼身体。周末，他常去学校外边的超市买东西。

Lǐ lǎoshī zhù zài xiàoyuán li, shàngbān hěn fāngbiàn. Tā shàngwǔ jīngcháng zài èr yāo wǔ jiàoshì shàngkè. Xiàkè hòu, tā chángcháng qù túshūguǎn kàn shū, chá zīliào. Zhōngwǔ tā huí jiā chī wǔfàn. Xiàwǔ tā yǒu shíhou zài jiā li bèikè, fānyì jiàocái, shàngwǎng, yǒu shíhou qù cāochǎng hé tóngshì yìqǐ duànliàn shēntǐ. Zhōumò, tā cháng qù xuéxiào wàibian de chāoshì mǎi dōngxi.

参考词汇 Cānkǎo cíhuì New words

1. 方便	fāngbiàn	convenient
2. 教室	jiàoshì	classroom
3. 常常	chángcháng	frequently, often; many a time
常	cháng	frequently, often
4. 查资料	chá zīliào	consult reference materials/data (on a subject)

查	chá	to look up; to consult; to look into; to check, to examine
5. 早饭	zǎofàn	breakfast
午饭	wǔfàn	lunch
晚饭	wǎnfàn	supper, dinner
6. 备课	bèikè	(of a teacher) to prepare lessons
7. 翻译	fānyì	to translate, to interpret; translator, interpreter
8. 教材	jiàocái	teaching materials
9. 锻炼	duànliàn	to do/take/have exercise for health
锻炼身体	duànliàn shēntǐ	to take (physical) exercise for health

注释 Zhùshì Notes

我们先去我的办公室，然后我带你去看看校园，好吗？

Wǒmen xiān qù wǒ de bàngōngshì, ránhòu wǒ dài nǐ qù kànkan xiàoyuán, hǎo ma?

First we go to my office, and then I will show you around our campus. Is that OK?

Questions with 好吗？ are often used to give a suggestion or to ask for an opinion. The first part of such a question is a declarative sentence, and 好吗？ can also be replaced with 可以吗？ or 怎么样？ Some examples of affirmative answer are: 好，好啊，可以，太好了，行. As negative answer, 不行 ... , 对不起 ... , or 恐怕 (kǒngpài) 不行 ... etc. can be used.

拓展练习 Tuòzhǎn liànxí Develop skills

1. 听读 Tīng dú Listening and reading

第一组：

办公楼　教学楼　公寓楼　宿舍楼

办公室　教室　实验室 (shíyànshì—laboratory)

会议室 (huìyìshì—conference room/board room)

卧室　浴室 (yùshì—shower room/bathroom)

第二组：

图书馆　博物馆 (bówùguǎn—museum)

体育馆 (tǐyùguǎn—gymnasium)　宾馆 (bīnguǎn—guesthouse/hotel)

餐馆儿 (cānguǎnr—restaurant)　茶馆儿 (cháguǎnr—teahouse)

第三组：

主楼 (zhǔlóu—main building)

大厅 (dàtīng—hall)

门厅 (méntīng—entrance hall/hallway/entry)

客厅 (kètīng—sitting room)

入口 (rùkǒu—entrance)　出口 (chūkǒu—exit)

第四组：

操场　运动场 (yùndòngchǎng—sport ground)　体育场 (tǐyùchǎng—stadium)

足球场 (zúqiúchǎng—football ground/soccer field)

网球场 (wǎngqiúchǎng—tennis court)
停车场 (tíngchēchǎng—parking lot/parking area)
农场 (nóngchǎng—farm)

第五组：

早上 上午 中午 下午 晚上 夜里 (yèli—night)
早饭 午饭 晚饭
早餐 午餐 晚餐

第六组：

打篮球 踢足球
打橄榄球 (gǎnlǎnqiú—rugby)
打电话 打字 (dǎ zì—to type) 打气 (dǎqì—to inflate with air)
打牌 (dǎ pái—to play cards) 打的 (dǎdí—to take a taxi)

第七组：

第一次 第二学期 (xuéqī—term) 第三个星期
第四年 第五个月 第六名 第七层
第八名 第九天 第十课

2. 替换练习 Tìhuàn liànxí Pattern drills

(1) 前边是一个饭店。

后边 公寓
左边 停车场
右边 公园
学校对面 剧场 (jùchǎng—theatre)
大门旁边 汽车站

(2) 他是王先生吧?

老师 / 学生 / 校长 (xiàozhǎng—headmaster/president/chancellor)
王教授 (jiàoshòu—professor)

(3) 这是你的护照吧?

U 盘 / 书 / 钥匙
学生证 (xuéshēngzhèng—student identity card)
工作证 (gōngzuòzhèng—employee's card/ID card)
身份证 (shēnfènzhèng—ID card)
同学 同事

(4) 星期日一起去吃晚饭，好吗?

明天 打篮球
晚上 看电影
下班以后 买东西
下午 喝咖啡

(5) A: 周末去书店，怎么样？

打网球 / 踢足球

游泳

唱 (chàng—sing) 卡拉OK(kǎlā-OK—Karaoke)

B: 恐怕不行，我没时间。

(6) 我带你们去教室。

马老师　　实验室

李校长　　会议室

小张　　办公室

(7) 小李先在网上查了资料，然后去了图书馆。

去找了小王　　回家

写完了信　　去图书馆还 (huán—to return) 书

参观 (cānguān—to visit) 了实验室　　拜访 (bàifǎng—to pay a visit) 了王教授

(8) 好像要下雨了。

下雪 (xuě—to snow)　　刮风 [(guāfēng—to blow (wind)]

下课 (xiàkè—to dismiss a class)

上课 (shàngkè—to have classes)

(9) 她好像不喜欢上网。

看电视 / 在网上聊天 (liáotiān—to chat)

游泳 / 打网球

出去玩 (wánr—to have fun /have recreation)

学这个专业 (zhuānyè—special field of study, major, subject)

(10) 那辆汽车好像坏了。

那台电脑　　出问题

那个冰箱　　出毛病

厕所 (cèsuǒ—toilet) 的水箱　　漏水 (lòu shuǐ—to leak water)

3. 完成句子 Wánchéng jùzi **Complete the following sentences.**

(1) 我们先＿＿＿＿，然后＿＿＿＿

(2) 下飞机后，他＿＿＿＿

(3) 我有很多问题，应该＿＿＿＿

(4) 如果没时间，我们就＿＿＿＿

(5) 把车停在停车场还是 ______

(6) 早上没吃早饭，我 ______

(7)A：我在哪儿等你？ B：______

(8)A：______？ B: 在图书馆门口见。

(9)A：你的汽车停在哪儿了？ B：______

(10)A：______，好吗？ B：______

4. 看图说话 Kàn tú shuōhuà **Describe the pictures in Chinese.**

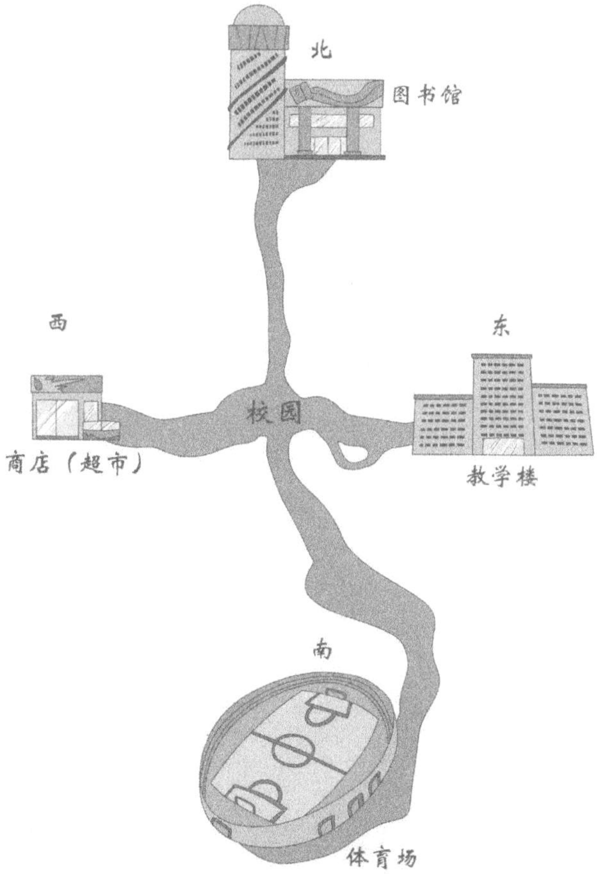

Tips: My campus

5. 复习课文 Fùxí kèwén **Review this lesson's texts.**

(1) Write a short paragraph based on the topics of this lesson and share it with your classmates.
(2) Ask each other questions based on the texts.
(3) Express the main contents/ideas of each text in your own words.

6. 交际练习 Jiāojì liànxí **Communication exercises**

(1) Make a suggestion to someone, and then the two of you discuss about his/her opinions. Finally, ask him/her to make a decision.

(2) Plan a group visit to a place. Write down the visit plan and introduce it to others.

(3) Draw a picture of your room or house and describe it.

学汉字 Xué Hànzì Learn Chinese characters

1. 认写汉字 Rèn xiě Hànzì **Read and write Chinese characters.**

Example	Pinyin	Write Chinese Characters						
校	xiào							
园	yuán							
门	mén							
教	jiào							
第	dì							
厅	tīng							
次	cì							
带	dài							
常	cháng							
牌	pái							

Example	Pinyin	Write Chinese Characters
层	céng	
球	qiú	
然	rán	
查	chá	
寓	yù	

2. 汉字部件 Hànzì bùjiàn **Character components**

氵(三点水，sāndiǎnshuǐ—the "three-drop-of-water" radical): 酒，渴(kě)，江(jiāng)，河(hé)，流(liú)

囗(国字框，guózìkuàng—the "country" frame radical): 国，园，回，图

Notes Xuéxí bǐjì 学习笔记

Rìqī
日期：______年______月______日
Date

问题和困难 Wèntí hé kùnnan
Questions and difficulties:

Xuéxí bǐjì
学习笔记 Notes

Rìqī
日期：　　年　　月　　日
Date

最想学的新词语 Zuì xiǎng xué de xīn cíyǔ
New words I want to learn:

Dì-èrshíbā Kè Xuǎn Shénme Kè Hǎo ne?

第二十八课 选什么课好呢？

Lesson 28 What courses should I enroll in?

课文一 Kèwén yī Text one

唐非亚：李老师，我学汉语学了

Táng Fēiyà: Lǐ lǎoshī, wǒ xué Hànyǔ xuéle

一年多了。这学期我选的

yì nián duō le. Zhè xuéqī wǒ xuǎn de

课是汉语、中国文化。

kè shì Hànyǔ, Zhōngguó wénhuà.

下学期我选什么课好呢？

Xià xuéqī wǒ xuǎn shénme kè hǎo ne?

李老师：你的专业是中国语言文学，

Lǐ lǎoshī: Nǐ de zhuānyè shì Zhōngguó yǔyán wénxué,

所以应该继续选汉语课。

suǒyǐ yīnggāi jìxù xuǎn Hànyǔ kè.

同时可以选一些与你的专业有关的课程，

Tóngshí kěyǐ xuǎn yìxiē yǔ nǐ de zhuānyè yǒuguān de kèchéng,

比如中国历史。

bǐrú Zhōngguó lìshǐ.

唐非亚：我还想多了解中国的经济、法律，不知道我们

Táng Fēiyà: Wǒ hái xiǎng duō liǎojiě Zhōngguó de jīngjì, fǎlǜ, bù zhīdào wǒmen

系有没有这方面的课程。

xì yǒu méiyǒu zhè fāngmiàn de kèchéng.

李老师：有这方面的讲座。

Lǐ lǎoshī: Yǒu zhè fāngmiàn de jiǎngzuò.

参考词汇 Cānkǎo cíhuì New words

1. 选	xuǎn	to select, to choose to enroll in (courses); to elect
选择	xuǎnzé	to select, to choose
选举	xuǎnjǔ	to elect; election

2. 学期	xuéqī	term
学年	xuénián	school (or academic) year
3. 文化	wénhuà	culture
4. 专业	zhuānyè	special field of study; subject, major
5. 语言	yǔyán	language
6. 文学	wénxué	literature
7. 继续	jìxù	to continue
8. 同时	tóngshí	at the same time; meanwhile; simultaneously
9. 与……有关	yǔ... yǒuguān	to have sth. to do with; to relate to
10. 课程	kèchéng	course
11. 历史	lìshǐ	history
12. 经济	jīngjì	economy
13. 法律	fǎlǜ	law
律师	lǜshī	lawyer
14. 系	xì	department (of a college), faculty
15. 讲座	jiǎngzuò	lecture
讲	jiǎng	to speak, to say, to tell

课文二 Kèwén èr Text two

老李的儿子是高中生，他化学学得比较好，所以明年高考，老李打算让他考医学院，毕业后当医生。可是他不想学医，想当记者。这怎么办?

Lǎo Lǐ de érzi shì gāozhōngshēng, tā huàxué xué de bǐjiào hǎo, suǒyǐ míngnián gāokǎo, Lǎo Lǐ dǎsuàn ràng tā kǎo yīxuéyuàn, bìyè hòu dāng yīshēng. Kěshì tā bù xiǎng xué yī, xiǎng dāng jìzhě. Zhè zěnme bàn?

参考词汇 Cānkǎo cíhuì New words

1. 儿子	érzi	son
女儿	nǚ'ér	daughter
2. 化学	huàxué	chemistry
3. 高考	gāokǎo	college entrance examination
考	kǎo	to give or take an exam, test or quiz
考试	kǎoshì	to take a test /an exam; test, exam
考大学	kǎo dàxué	to take a college entrance exam
考上大学	kǎo shàng dàxué	to enter a college or university; to get admission to a college or university, after passing the college entrance examination
4. 医学院	yīxuéyuàn	college of medical science; medical school
医学	yīxué	medical science

学院	xuéyuàn	college, faculty
5. 毕业	bìyè	graduation; to graduate
6. 当	dāng	to work as; to act as; to be
7. 医生	yīshēng	doctor
大夫	dàifu	doctor
8. 记者	jìzhě	reporter, correspondent, journalist
9. 怎么办	zěnme bàn	how to do

注 释 Zhùshì Notes

1. 我学汉语学了一年多了。 Wǒ xué Hànyǔ xuéle yì nián duō le.

I have been learning Chinese for over one year.

A. 一年多 is used as the time-measure complement to show the duration of an action or state.

When the verb takes an object or the verb is a separable disyllable verb (líhécí, see Lesson 29), the verb needs to be repeated and the complement is placed after the repetition. (Sometimes the first verb can be omitted.) For example:

我（学）汉语学了一年。—I have studied Chinese for one year.

B. When the verb does not have an object, the time-measure complement is put after the verb. For example:

① 请等一会儿。
② 他在法律系工作了三年。
③ 他在法律系工作了三年了。

C. If the object is a personal pronoun, the time-measure complement is often placed after the object. For example:

我们等了她一小时。 (incorrect: 我们等了一小时她。)

(4) The interrogative form of time-measure complement often uses the phrase 多长时间，几个小时，几年，etc. For example:

① A: 要等多长时间? B: 要等半个小时。
② A: 你上课上了几个小时? B:（我上课）上了两个小时。
③ A: 你学汉语学了几年了? B:（我学汉语）学了一年了。

D. If the verb takes an object in the sentence with a time-measure complement, the time-measure complement can be placed between the verb and the object. The particle 的 can be added between the complement and the object. For example:

A: 你学了几年（的）汉语? B: 我学了一年（的）汉语。

2. 他化学学得比较好。 Tā huàxué xué de bǐjiào hǎo. **He is doing better in chemistry.**

A. An element after a verb or an adjective, indicating and describing the achieved state of an action, is called the complement of state. The structural particle 得 (de) is placed between the verb and the complement. More examples:

① 他英语说得很好。
② 他忙得没时间看书。
③ 他唱歌 (chànggē—to sing) 唱得不错。

B. The interrogative form can be constructed using 吗, 怎么样 or affirmative-negative form. For example:

① A: 他汉语说得怎么样? B: 他汉语说得很好。
② A: 他打网球打得好不好? B: 打得不错。
③ A: 玩儿得高兴吗? B: 玩儿得很高兴。

拓展练习 Tuòzhǎn liànxí Develop skills

1. 听读 Tīng dú Listening and reading

第一组:

上学期　这学期　下学期

一个学期　两个学期　一学年

期中考试 (qīzhōng kǎoshì—mid-term exam)

期末考试 (qīmò kǎoshì—final exam)

毕业考试　毕业论文 (bìyè lùnwén—graduation thesis)

第二组:

数学 (shùxué—mathematics)　物理学 (wùlǐxué—physics)

生物学 (shēngwùxué—biology)　农学 (nóngxué—agriculture)

建筑学 (jiànzhùxué—architecture)　教育学 (jiàoyùxué—education)

文科 (wénkē—liberal arts)　理科 (lǐkē—science)

工科 (gōngkē—engineering)

必修 (bìxiū—as required/compulsory)

必修课 (bìxiūkè—a required course/a compulsory subject)

选修 (xuǎnxiū—to take as an elective course)

选修课 (xuǎnxiūkè—elective course/optional course)

中文系　英语系　法律系

经济学院　体育 (tǐyù—physical training/sports) 学院

艺术 (yìshù—art) 学院　传媒 (chuánméi—media) 学院

第三组:

有关人员 (yǒuguān rényuán—relevant staff)

有关部门 (yǒuguān bùmén—relevant department)

有关方面 (yǒuguān fāngmiàn—relevant department/aspect)

有关问题 (yǒuguān wèntí—relevant question/related issue)

第四组:

A: 你学了多长时间汉语?
B: 我学了半年汉语。

A: 你学汉语学了多长时间?
B: 我学汉语学了半年。

第五组:

A: 你学了多长时间汉语了?
B: 我学了半年汉语了。

A: 你学汉语学了多长时间了?
B: 我学汉语学了半年了。

第六组：

A: 他当了多长时间老师？
B: 他当了十年老师。

A: 他当老师当了多长时间？
B: 他当老师当了十年。

第七组：

A: 他当老师当了多长时间了？
B: 他当老师当了十年了。

A: 他当了多长时间老师了？
B: 他当了十年老师了。

第八组：

A: 你在那儿住了几天？
B: 我在那儿住了一个星期。

A: 你在这儿住了几天了？
B: 我在这儿住了一个星期了。

2. 替换练习 Tìhuàn liànxí **Pattern drills**

(1) 选择专业与身体有关。

选择工作　　收入 (shōurù—income)

选课　　爱好 (àihào—interest)

这个问题　　学校

这件事　　他

(2) 他想当老师。

数学家 (shùxuéjiā—mathematician)

作家 (zuòjiā—writer/author)

科学家 (kēxuéjiā—scientist)

厨师 (chúshī—chef)

工程师 (gōngchéngshī—engineer)

会计师 (kuàijìshī—certified accountant)

技术员 (jìshùyuán—technician)

护士 (hùshi—nurse)

秘书 (mìshū—secretary)

翻译 (fānyì—interpreter/translator)

外交官 (wàijiāoguān—diplomat)

(3) 能不能给我推荐一所学校？

一家旅行社 / 一家饭店

一个翻译 / 一位汉语老师

一位教授 / 一个秘书

(4) 他让他女儿去买东西。

做饭 / 出国留学 / 学教育学

给我打电话 / 给他写信

(5) 让我看看这本书。

用用你的词典

听听这张音乐光盘

试试那件衣服

(6) 这里不让照相。

进 / 参观

游泳 / 吸烟（xīyān—smoke）

(7) 我看了两个小时书。

睡　　半天觉

听　　一会儿音乐

上　　四节课

开　　一上午 (shàngwǔ—morning) 会

(8) A: 昨天你上课上了多长时间？

看书看 / 上网上

看电影看 / 写作业（zuòyè—homework）写

听音乐听 / 开会开

B: 我上课上了四个小时。

(9) A: 这本书 写得怎么样？

这张画　　画 / 这次作业　　做

这次考试　　考 / 礼物　　准备

(10) A: 他打网球 打得怎么样？

B：他打网球 打得不错。

做饭　　做 / 开车　　开

照相　　照 / 游泳　　游

3. 完成句子 Wánchéng jùzi Complete the following sentences.

(1) 我学过半年汉语，所以 ______

(2) 他想 ______，可是这里不让照相。

(3) 她英语说得很好，因为 ______

(4) 这本书写得不太好，所以 ______

(5) 他选了法律专业，他想 ______

(6) 她学习汉语，同时她 ______

(7) 开了三个小时车了，应该 ______

(8) A: ______ ？ B: 我打算学教育学。

(9) A: 下学期你选什么课？ B: ______

(10) A: 会开了多长时间？ B: ______

4. 看图说话 Kàn tú shuōhuà **Describe the pictures in Chinese.**

Tips: Make sentences using the pattern "verb + 得 + 比较 ..."

5. 复习课文 Fùxí kèwén **Review this lesson's texts.**

(1) Write a short paragraph based on the topics of this lesson and share it with your classmates.
(2) Ask each other questions based on the texts.
(3) Express the main contents/ideas of each text in your own words.

6. 交际练习 Jiāojì liànxí **Communication exercises**

(1) Introduce the subjects/courses offered by your faculty and write down the names of the courses.
(2) List the subjects you are studying/have studied and explain why you chose them.
(3) Give a new student some suggestions about course choice.

学汉字 Xué Hànzì Learn Chinese characters

1. 认写汉字 Rèn xiě Hànzì **Read and write Chinese characters.**

Example	Pinyin	Write Chinese Characters						
坏	huài							
专	zhuān							
毕	bì							
业	yè							
讲	jiǎng							
座	zuò							
法	fǎ							
律	lǜ							

Example	Pinyin	Write Chinese Characters						
选	xuǎn							
当	dāng							
与	yǔ							
继	jì							
续	xù							
历	lì							
史	shǐ							
系	xì							
院	yuàn							
济	jì							
化	huà							

2. 汉字部件 Hànzì bùjiàn **Character components**

厂(偏厂，piānchǎng—the radical "factory"): 历，厅，原，压(yā—to press)

广(广字头，guǎngzìtóu—the radical "grand"): 应，唐，底(dǐ—bottom)，庆(qìng—to celebrate)

Xuéxí bǐjì
学习笔记 Notes

Rìqī
日期：　　年　　月　　日
Date

问题和困难 Wèntí hé kùnnan
Questions and difficulties:

Notes Xuéxí bǐjì 学习笔记

最想学的新词语 Zuì xiǎng xué de xīn cíyǔ
New words I want to learn:

Dì-èrshíjiǔ Kè Nǐ Gǎn Xìngqù ma?

第二十九课 你感兴趣吗？
Lesson 29 Are you interested?

课文一 Kèwén yī Text one

马　克：星期四我们系有个中非关系讲座。
Mǎkè: Xīngqīsì wǒmen xì yǒu ge Zhōng-Fēi guānxi jiǎngzuò.
你感兴趣吗？
Nǐ gǎn xìngqù ma?

牛小姐：当然感兴趣！几点开始？
Niú xiǎojiě: Dāngrán gǎn xìngqù! Jǐ diǎn kāishǐ?

马　克：下午三点半。你来得了吗？
Mǎkè: Xiàwǔ sān diǎn bàn. Nǐ lái de liǎo ma?

牛小姐：我看一看课表。
Niú xiǎojiě: Wǒ kàn yi kàn kèbiǎo.
星期四下午我有两节课，
Xīngqīsì xiàwǔ wǒ yǒu liǎng jié kè,
可能来不了。
kěnéng lái bu liǎo.

马　克：能请假吗？
Mǎkè: Néng qǐngjià ma?

牛小姐：请不了假，因为是考试。但我可以提前一点儿出来，
Niú xiǎojiě: Qǐng bu liǎo jiǎ, yīnwèi shì kǎoshì. Dàn wǒ kěyǐ tíqián yìdiǎnr chūlái,
一考完试我就来。晚一点儿没关系吧？
yì kǎowán shì wǒ jiù lái. Wǎn yìdiǎnr méi guānxi ba?

马　克：没关系。
Mǎkè: Méi guānxi.

参考词汇 Cānkǎo cíhuì New words

1.	感兴趣	gǎn xìngqù	to be interested
	对……感兴趣	duì...gǎn xìngqù	to be interested in
2.	中非关系	Zhōng–Fēi guānxi	the relationship between China and Africa
3.	牛	Niú	(a Chinese surname)

4. 当然	dāngrán	without doubt; of course
5. 开始	kāishǐ	to start, to begin
6. 课表	kèbiǎo	school timetable; class schedule
7. 两节课	liǎng jié kè	two classes
节	jié	session
8. 提前	tíqián	in advance; ahead of time; to shift to an earlier date; to move up (a date)
9. 一……就……	yì... jiù...	no sooner ... than; as soon as
10. 晚一点儿	wǎn yìdiǎnr	a little late
11. 主讲人	zhǔjiǎngrén	principal speaker

课文二 Kèwén èr Text two

昨天我给李先生打了电话，他对“环保周活动”很感兴趣，愿意和我们合作。他答应明天上午来和我们见面，一起开会讨论、确定活动日程。开完会，我们一起去见钱董事长。

Zuótiān wǒ gěi Lǐ xiānsheng dǎle diànhuà, tā duì “huánbǎozhōu” huódòng hěn gǎn xìngqù, yuànyì hé wǒmen hézuò. Tā dāying míngtiān shàngwǔ lái hé wǒmen jiànmiàn, yìqǐ kāihuì tǎolùn, quèdìng huódòng rìchéng. Kāiwán huì, wǒmen yìqǐ qù jiàn Qián dǒngshìzhǎng.

参考词汇 Cānkǎo cíhuì New words

1. 环境保护	huánjìng bǎohù	environment protection
环保	huánbǎo	(the abbreviated form of 环境保护)
环境	huánjìng	environment, circumstances
自然环境	zìrán huánjìng	natural environment
2. 环保周	huánbǎozhōu	Environment Protection Week
周	zhōu	week
3. 活动	huódòng	activity
4. 愿意	yuànyì	to be willing; to wish, to like, to want
5. 合作	hézuò	cooperation; to cooperate
6. 答应	dāying	to agree, to promise
7. 和……见面	hé... jiànmiàn	to meet with sb.
见面	jiànmiàn	(no object followed) to meet
8. 讨论	tǎolùn	to discuss; to talk over
9. 确定	quèdìng	to define, to fix, to determine
10. 日程	rìchéng	schedule
议程	yìchéng	agenda

11. 董事长　dǒngshìzhǎng　chairman (or president) of the board of directors
　　董事　dǒngshì　director

注　释 Zhùshì Notes

1. 考完试 kǎowán shì　after the exam

A. In Chinese, the usage of some disyllable verbs is more flexible. The structure of these verbs is loose in the sense that the two words can be separated, with another element inserted between them. Such words are called separable verbs (líhécí). More examples:

考试：考完试、考两次试、考什么试、考不了试

上课：上一节课、上汉语课、上两节汉语课、上什么课、上不了课

B. When the two words of a líhécí are together, a prepositional phrase is often used before the líhécí. For example:

我给他请假。

我和系主任见面。

她跟小李结婚。

他向 (xiàng—to) 老师请假。

C. Some líhécí can be followed by a complement. For example:

昨天他考试考了很长时间。

D. When the líhécí are apart, various elements can be added in between.

*The particles 了，着 (zhe), 过 can be inserted between the two parts. For example:

他们见了面。/ 他请过假了。/ 他还发着烧。

*A numeral-measure phrase can be inserted between the two words of some líhécí. For example:

见过一次面 / 上两个小时课

*什么 can be inserted between the two words of some líhécí, meaning "It is unnecessary to ...". 呀（yā）is often placed at the end. For example:

着什么急呀！

*Repeating the first part of some líhécí indicates that an action continues for a short time and in a casual way. When 了 is used, it appears between the repeated words. For example:

见见面 / 见了见面

散散步 / 散了散步（sàn bù—to take a walk）

2. 一考完试我就来。 Yì kǎowán shì wǒ jiù lái.
I will come here as soon as I finish the test.

The structure 一 ... 就 ... can indicate that the two actions or motions occur in quick succession. For example:

他一下班就去上中文课。

拓展练习 Tuòzhǎn liànxí Develop skills

1. 听读 Tīng dú　Listening and reading

第一组：

课表　日程表　议程表

申请表 (shēnqǐngbiǎo—application form)

列车时刻表 (lièchē shíkèbiǎo—railway timetable)

航班时刻表 (hángbān shíkèbiǎo—flight timetable)

第二组：

主人（zhǔrén—host/hostess; owner）

房子的主人　房主

主讲人　讲座主讲人

主持人 (zhǔchírén—compère, host, hostess, interviewer, chairperson)

第三组：

有兴趣　没兴趣

对数学有兴趣　对化学没兴趣

对玩电脑非常有兴趣　对学外语没什么兴趣

第四组：

请假　请三天假　请得了假　请不了假

向老师请假　向学校请了半年假

放假　放一周假　放了假　放不了假

休假　休半天假　休完假　休不了假

第五组：

游泳　游一次泳　游完泳　游得了泳　游不了泳

第六组：

吃饭　吃三顿 (dùn—measure word) 饭　吃过饭　吃不下饭

第七组：

结婚　结过婚　结了婚　结完婚　结不了婚

和她结婚　跟王先生结婚

第八组：

洗澡 (xǐzǎo—to take a bath)　洗个澡　洗不了澡

第九组：

见面　见过面　见过一次面　见了面　见不了面

和他见面　没和他见过面　和他没见过面

第十组：

帮忙　帮个忙　帮不了忙　帮了很多忙　帮什么忙

第十一组：

发烧　发了两天烧　发过烧　发着 (zhe) 烧

第十二组：

唱歌

唱个歌　唱中国歌　唱一首 (shǒu—measure word) 中文歌

给我们唱个歌

第十三组：

跳舞　跳一个舞

跳非洲舞　跳得了舞　跳不了舞

给我们跳个非洲舞

第十四组：

说话 (shuōhuà—to speak)

说一句话　说什么话　说不了话

第十五组：

睡觉　睡一个好觉　睡不着 (zháo) 觉　睡得着 (zháo) 觉

第十六组：

毕业　毕得了业　毕不了业　毕了业

第十七组：

回家　回两次家　回不了家　回我妈妈家

第十八组：

开会　开一个小时会　开了很多会　开什么会

第十九组：

照相　照一张相　照护照相

第二十组：

聊天儿　聊聊天儿　聊会儿天儿

第二十一组：

跳舞跳了一个晚上　吃饭吃了三个小时

上课上到十二点　睡觉睡到十点

游泳游了一千米　跑步跑了五公里

2. 替换练习 Tìhuàn liànxí **Pattern drills**

(1) 他对<u>电脑</u>很感兴趣。

法律/政治(zhèngzhì—politics)

中国经济/电影

历史/音乐

(2) <u>这学期</u>太忙，<u>休不了假</u>。

下周　请不了假

下个月　回不了家

(3) 你<u>上课上了</u>多长时间?

考试考了/放假放了/泳游了

照相照了/跳舞跳了

(4) 你<u>上了几节课</u>?

休了几周假/放了几天假/唱了几首歌

和他见过几次面/对他说过什么话

(5) 你上课上到什么时候？

开会　　开/睡觉　　睡/放假　　放

做作业　　做/休假　　休

(6) 这么多酒喝得了吗？

啤酒/白酒

果汁/可乐

(7) 那些牛肉吃得了吃不了？

鸡肉/羊肉

猪肉/鱼

(8) 米饭太多了，吃不了。

面包/菜/水果/肉

3. 选择填空 Xuǎnzé tián kòng　Choose the right answer to fill in the blanks.

(1) 明天的活动你＿＿＿＿？（去得了吗/能不能）

(2) 你＿＿＿＿那么多酒吗？（喝得了/喝不完）

(3) 两个小时你＿＿＿＿这一课吗？（讲不讲/讲得完）

(4) 你＿＿＿＿(觉)吗？（睡很好/睡不着）

(5) 他聊天＿＿＿＿了多长时间？（聊/有）

(6) 学生们＿＿＿＿。（上了一节课/上课一节）

(7) 你和他＿＿＿＿？（见没见过面/见面过没有）

(8) 你跟他＿＿＿＿？（见面过/见过几次面）

(9) 她会不会＿＿＿＿？（唱英语歌/唱一首歌）

(10) 今天她身体不舒服，＿＿＿＿。（游得了泳/游不了泳）

4. 看图说话 Kàn tú shuōhuà **Describe the pictures in Chinese.**

Tips: My hobbies

5. 复习课文 Fùxí kèwén **Review this lesson's texts.**

(1) Write a short paragraph based on the topics of this lesson and share it with your classmates.
(2) Ask each other questions based on the texts.
(3) Express the main contents/ideas of each text in your own words.

6. 交际练习 Jiāojì liànxí **Communication exercises**

(1) Introduce a particular event you will attend.
(2) Make an investigation on the interests/hobbies of your classmates.
(3) Translate a certain schedule into Chinese.
(4) Prepare a presentation on certain topic in advance, and present it in your learning group.

学汉字 Xué Hànzì Learn Chinese characters

1. 认写汉字 Rèn xiě Hànzì **Read and write Chinese characters.**

Example	Pinyin	Write Chinese Characters						
坏	huài							
感	gǎn							
趣	qù							
表	biǎo							
活	huó							
牛	niú							
定	dìng							
答	dá							

Example	Pinyin	Write Chinese Characters						
提	tí							
始	shǐ							
程	chéng							
主	zhǔ							
节	jié							
周	zhōu							
愿	yuàn							
合	hé							
环	huán							
境	jìng							
长	cháng							

2. 汉字部件 Hànzì bùjiàn **Character components**

尸(尸字头，shīzìtóu—the radical "corpse"): 层，屋，局，尾（wěi—tail, end）
户(户字头，hùzìtóu—the radical "door"): 房，雇(gù—to employ)

Notes Xuéxí bǐjì 学习笔记

Rìqī
日期：年 月 日
Date

问题和困难 Wèntí hé kùnnan
Questions and difficulties:

Xuéxí bǐjì
学习笔记 Notes

最想学的新词语 Zuì xiǎng xué de xīn cíyǔ
New words I want to learn:

Dì-sānshí Kè Bìyè Hòu Dǎsuan Zuò Shénme?

第三十课 毕业后打算做什么？

Lesson 30 What do you plan to do after graduation?

课文一 Kèwén yī Text one

白老师：你上大几了？

Bái lǎoshī: Nǐ shàng dà-jǐ le?

丹尼尔：大四，快毕业了。

Dānní'ěr: Dà-sì，kuài bìyè le.

白老师：毕业后打算做什么？

Bái lǎoshī: Bìyè hòu dǎsuàn zuò shénme?

丹尼尔：我想先找个工作，

Dānní'ěr: Wǒ xiǎng xiān zhǎo ge gōngzuò,

然后一边工作，

ránhòu yìbiān gōngzuò,

一边准备考律师执照。以后想当律师。

yìbiān zhǔnbèi kǎo lǜshī zhízhào. Yǐhòu xiǎng dāng lǜshī.

白老师：开始复习了吗？应该早作准备。

Bái lǎoshī: Kāishǐ fùxí le ma? Yīnggāi zǎo zuò zhǔnbèi.

丹尼尔：开始了。

Dānní'ěr: Kāishǐ le.

白老师：复习得怎么样了？

Bái lǎoshī: Fùxí de zěnme yàng le?

丹尼尔：我觉得复习得还可以。

Dānní'ěr: Wǒ juéde fùxí de hái kěyǐ.

白老师：听说考试一年比一年难。

Bái lǎoshī: Tīngshuō kǎoshì yì nián bǐ yì nián nán.

丹尼尔：好像是。去年我的一个朋友通过了考试。

Dānní'ěr: Hǎoxiàng shì. Qùnián wǒ de yí gè péngyou tōngguòle kǎoshì.

我想，我会比他考得好。

Wǒ xiǎng, wǒ huì bǐ tā kǎo de hǎo.

参考词汇 Cānkǎo cíhuì New words

1. 白	Bái	(a Chinese surname)
2. 大四	dà-sì	senior year (of college)
3. 丹尼尔	Dānní'ěr	Daniel
4. 找工作	zhǎo gōngzuò	to look for a job
5. 一边……一边……	yìbiān...yìbiān...	at the same time; ... while ...
6. 执照	zhízhào	licence
7. 复习	fùxí	to review
预习	yùxí	(of student) prepare lessons before class
练习	liànxí	exercise (in a textbook) ; to practise; practice
实习	shíxí	(of students or trainees) to practise (what has been learned in class)
8. 通过	tōngguò	to pass; to pass through; by means of; by, through

课文二 Kèwén èr Text two

经过从小学到高中的学习，不少人都想考上大学。大学生一般在大学学习四年，有的专业，比如医学，要学五年。如果学习成绩、毕业论文合格，就可以毕业并得到学士学位。要是愿意继续学习，还可以考研究生，争取硕士、博士学位。

jīngguò cóng xiǎoxué dào gāozhōng de xuéxí, bùshǎo rén dōu xiǎng kǎoshàng dàxué. Dàxuéshēng yìbān zài dàxué xuéxí sì nián, yǒude zhuānyè, bǐrú yīxué, yào xué wǔ nián. Rúguǒ xuéxí chéngjì, bìyè lùnwén hégé, jiù kěyǐ bìyè bìng dédào xuéshì xuéwèi. Yàoshi yuànyì jìxù xuéxí, hái kěyǐ kǎo yánjiūshēng, zhēngqǔ shuòshì, bóshì xuéwèi.

参考词汇 Cānkǎo cíhuì New words

1. 经过	jīngguò	to pass; to go through; as a result of; after, through; process, course
2. 高中	gāozhōng	senior/high middle school
3. 大学生	dàxuéshēng	university (or college) student
研究生	yánjiūshēng	graduate student

	研究	yánjiū	to study, to research
	本科生	běnkēshēng	undergraduate
4.	有的	yǒude	some
5.	如果……就……	rúguǒ... jiù...	if ... , (then) ...
6.	成绩	chéngjì	result (of work or study), score; achievement, success
7.	论文	lùnwén	thesis, paper
8.	合格	hégé	qualified; up to standard
9.	并	bìng	and
10.	学士	xuéshì	bachelor
	硕士	shuòshì	master
	博士	bóshì	doctor
11.	学位	xuéwèi	academic degree
	学历	xuélì	record of formal schooling; academic credentials
12.	要是	yàoshi	if
13.	争取	zhēngqǔ	to strive for; to fight for; to win over

注 释 Zhùshì Notes

1.你上大几了？ Nǐ shàng dà-jǐ le? **What year of university are you in?**

A. 大几 is the short form of 大学几年级 (niánjí—grade, year).
大四 is the short form of 大学四年级.
Another example:
A: 你上几年级？ —What grade of school are you in?
B: 六年级

2. 快毕业了。 Kuài bìyè le. **(I) will graduate soon.**

(See the note about usage of the pattern 要 ... 了 in Lesson 14.)

3. 一边工作，一边准备考律师执照。

Yìbiān gōngzuò, yìbiān zhǔnbèi kǎo lǜshī zhízhào.
(I will) work while preparing for the bar exam.

This construction 一边 ... 一边 ... is used in front of verbs to indicate two or more actions taking place simultaneously.

4. 复习得还可以。 Fùxí de hái kěyǐ. **I prepare/review (for the test) well.**

(See the note about the usage of complement of state in Lesson 28.)

5. **我想，我会比他考得好。** Wǒ xiǎng, wǒ huì bǐ tā kǎo de hǎo.

I suppose/ believe/predict, I will most likely do better than him in the exam.

More sentences with 比:
① 他可能比我考得好。
② 他的英语比我学得好。
③ 她英语说得比我好。
④ 他比我来得早。
(Please review the note about expressions of comparison by using 比 in Lesson 15.)

6. **考上大学。** Kǎo shàng dàxué.

Passing the college entrance examination/being admitted to a university

The word 上 indicates the result of the action 考.
(See the note about usage of complement of result in Lesson 20.)

拓展练习 Tuòzhǎn liànxí Develop skills

1. **听读**（Tīng dú） **Listening and reading**

第一组:

学位　学士学位　硕士学位　博士学位
学历　高中学历　大学学历　研究生学历

第二组:

上小学　上幼儿园（yòu'éryuán—kindergarten）
上中学　初一 (chūyī—first year at junior middle school)　初中一年级
上大学　大二　大学二年级
考大学　考研究生　读 (dú—to attend school) 研究生

第三组:

出国以后　回国后
写完作业后　来到中国以后
九点以后　七月以后
以后想去留学　以后想当外交官
以后不打算结婚　以后要多注意身体

第四组:

愿意出国留学　愿意当教师
不愿意跟你去旅游　不愿意和他交朋友

第五组:

考上　考上大学　没考上研究生
考得上大学　考不上大学
关上　关上门　门没关上
门关得上　门关不上
带上　带上书包　带上护照

穿 (chuān—to wear) 上　　穿上鞋　　穿上袜子 (wàzi—sock)

第六组：

学得怎么样　　教 (jiāo—to teach) 得怎么样　　玩得怎么样　　考得怎么样

说得怎么样　　写得怎么样　　吃得怎么样　　画得怎么样

第七组：

说得快不快　　写得好不好　　画得漂亮不漂亮

玩得很高兴　　吃得很多　　起得很早

睡得很晚　　来得很晚　　说得不清楚 (qīngchu—clearly)

游泳游得很好　　打篮球打得很好　　考试考得很不好

第八组：

有的专业要学四年，有的要学五年。

有的汽车很便宜，有的很贵。

有的人去过中国，有的没去过。

有的人喜欢学文科 (wénkē—liberal arts)，

有的人喜欢学理工科 (lǐgōngkē—science and engineering)。

第九组：

身体一天比一天好　　天气一天比一天冷

环境一年比一年好　　学费一年比一年贵

他的英语比我说得好　　他的专业没我学得好

他游泳游得比我好　　他踢足球没我踢得好

2. 替换练习 Tìhuàn liànxí　Pattern drills

(1) 我打算 下月去旅游。

明年考研究生

毕业后考会计师

放暑假时学开车

放寒假时写完论文

(2) 他 打算让女儿到国外上学。

儿子当律师

老王当经理

小王当秘书

张先生当翻译

(3) 如果 晚了就 不去学校了。

下雨　　去游泳

天气不好　　去海边 (hǎibiān—seaside/seashore)

累 (lèi—tired) 了　　打球 (qiú—ball)

(4) 要是能上大学就好了。

考上研究生 / 选这个专业

考试合格 / 见到马教授

有张地图 / 不下雨

(5) 如果想去留学应该先咨询一下儿。

打算考研究　好好复习

没睡好觉　多休息一会儿

请得了假　出去旅游

(6) 他学汉语学得怎么样?

说汉语说 / 做饭做

考试考 / 开车开

3. 完成句子 Wánchéng jùzi **Complete the following sentences.**

(1) 考试之前，应该

(2) 有的课比较难，比如

(3) 她一边打电话，一边

(4) 有的专业好考，有的

(5) 考试不合格，不能

(6) 我们班有男生 (nánshēng—male student) 　 人，女生 　 人。

(7) 汽车经过家门口，我

(8) 经过一年的学习，她

(9) 请介绍一下儿事情（shìqing—affair/matter）的经过，我们

(10) 快十二点了，该（gāi—should/ought to）

4. 看图说话 Kàn tú shuōhuà **Describe the pictures in Chinese.**

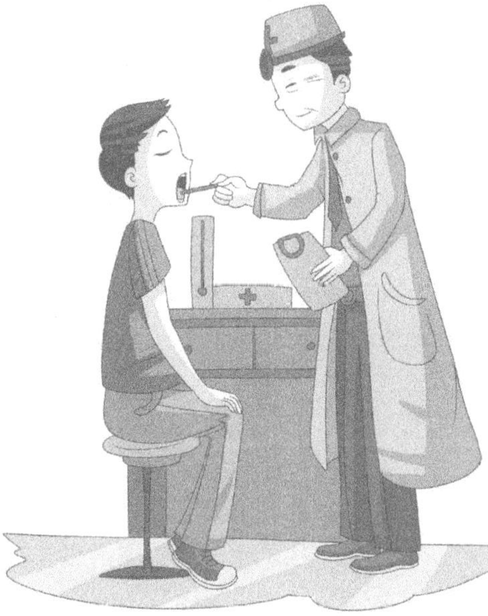

Tips: My dream job

5. 复习课文 Fùxí kèwén **Review this lesson's texts.**

(1) Write a short paragraph based on the topics of this lesson and share it with your classmates.
(2) Ask each other questions based on the texts.
(3) Express the main contents/ideas of each text in your own words.

6. 交际练习 Jiāojì liànxí **Communication exercises**

(1) Talk about your plan after graduation.
(2) Introduce the educational system of your country.
(3) Talk about your educational experience/background.

学汉字 Xué Hànzì Learn Chinese characters

1. 认写汉字 Rèn xiě Hànzì **Read and write Chinese characters.**

Example	Pinyin	Write Chinese Characters						
复	fù							
习	xí							
研	yán							
究	jiū							
争	zhēng							
取	qǔ							
成	chéng							
绩	jì							
合	hé							
格	gé							
位	wèi							
硕	shuò							

Example	Pinyin	Write Chinese Characters						
博	bó							
士	shì							
白	bái							
通	tōng							

2. 汉字部件 Hànzì bùjiàn **Character components**

礻(示字旁，shìzìpáng— the "manifestation/praying" radical): 祝，社(shè)，礼(lǐ)，祸(huò)
礻(衣字旁，yīzìpáng—the "clothes" radical): 被，初，袖(xiù)，裤(kù)

Notes Xuéxí bǐjì 学习笔记

Rìqī
日期: 年 月 日
Date

问题和困难 Wèntí hé kùnnan
Questions and difficulties:

Xuéxí bǐjì
学习笔记 Notes

最想学的新词语 Zuì xiǎng xué de xīn cíyǔ
New words I want to learn:

Dì-sānshíyī Kè Wǒ Yào Qù Zhōngguó Liúxué le

第三十一课 我要去中国留学了

Lesson 31 I will go to China to study

课文一 Kèwén yī Text one

丹尼尔：白老师，我要去中国留学了，
Dānní'ěr: Bái lǎoshī, wǒ yào qù Zhōngguó liúxué le,
我已经收到了录取通知书。
wǒ yǐjīng shōudàole lùqǔ tōngzhīshū.
可是我爸爸突然病了，
Kěshì wǒ bàba tūrán bìng le,
我恐怕不能按时去。
wǒ kǒngpà bù néng ànshí qù.

白老师：报到注册的时间是什么时候？
Bái lǎoshī: Bàodào zhùcè de shíjiān shì shénme shíhou?

丹尼尔：这月底。所以我担心来不及报到注册。
Dānní'ěr: Zhè yuè dǐ. Suǒyǐ wǒ dānxīn láibují bàodào zhùcè.

白老师：你最好给那所学校写封信，跟他们说一下儿。
Bái lǎoshī: Nǐ zuìhǎo gěi nà suǒ xuéxiào xiě fēng xìn, gēn tāmen shuō yíxiàr.
晚几天没关系，我觉得来得及。
Wǎn jǐ tiān méi guānxi，wǒ juéde láidejí.

丹尼尔：好。我尽快告诉他们。一会儿我用中文写个
Dānní'ěr: Hǎo. Wǒ jǐnkuài gàosu tāmen. Yíhuìr wǒ yòng Zhōngwén xiě ge
电子邮件，写好后，请您帮我修改修改。
diànzǐ yóujiàn, xiěhǎo hòu, qǐng nín bāng wǒ xiūgǎi xiūgǎi.

白老师：没问题。
Bái lǎoshī: Méi wèntí.

参考词汇 Cānkǎo cíhuì New words

1.	录取通知书	lùqǔ tōngzhīshū	admission notice
	录取	lùqǔ	to admit, to enroll
	通知	tōngzhī	to notify, to inform, notice
2.	突然	tūrán	suddenly

3. 恐怕	kǒngpà	be afraid
4. 按时	ànshí	on time; on schedule
5. 报到	bàodào	report for duty; check in; to register
6. 注册	zhùcè	to register
7. 月底	yuè dǐ	the end of the month
月中	yuè zhōng	the middle of the month
月初	yuè chū	the beginning of the month
8. 担心	dānxīn	to worry
9. 来不及	láibují	there's not enough time (to do sth.); it's too late (to do sth.)
来得及	láidejí	there's still time; be able to do sth. in time
10. 封	fēng	(measure word)
11. 跟……说一下儿	gēn...shuō yíxiàr	to tell/explain sth. to; to let sb. know sth.
12. 尽快	jǐnkuài	as soon as possible
13. 修改	xiūgǎi	to revise

课文二 Kèwén èr Text two

越来越多的人打算去中国留学，有的和中国的大学联系，有的跟中国大使馆联系。他们咨询留学信息，比如怎么申请、学费多少、需要办什么认证文件等。

在中国，新学年开学时间是九月初。如果你准备去中国留学，就要作很多准备。祝你成功！

Yuè lái yuè duō de rén dǎsuàn qù Zhōngguó liúxué, yǒude hé Zhōngguó de dàxué liánxì, yǒu de gēn Zhōngguó Dàshǐguǎn liánxì. Tāmen zīxún liúxué xìnxī, bǐrú zěnme shēnqǐng, xuéfèi duōshao, xūyào bàn shénme rènzhèng wénjiàn děng.

Zài Zhōngguó, xīn xuénián kāixué shíjiān shì jiǔyuè chū. Rúguǒ nǐ zhǔnbèi qù Zhōngguó liúxué, jiù yào zuò hěn duō zhǔnbèi. Zhù nǐ chénggōng!

参考词汇 Cānkǎo cíhuì New words

1. 越来越多	yuè lái yuè duō	more and more
越来越	yuè lái yuè	more and more
越……越……	yuè...yuè...	the more ... the more ...
2. 大使馆	dàshǐguǎn	embassy
使馆	shǐguǎn	embassy
大使	dàshǐ	ambassador
3. 申请	shēnqǐng	to apply for
4. 学费	xuéfèi	tuition fee

5. 需要	xūyào	to need
6. 认证	rènzhèng	to legalize, to authenticate; authentication
公证	gōngzhèng	notarization
7. 文件	wénjiàn	document
8. 开学	kāixué	(school) to open; (term) to begin
9. 成功	chénggōng	success; to succeed

注 释 Zhùshì Notes

1. **我要去中国留学了** Wǒ yào qù Zhōngguó liúxué le. **I will go to China to study.**

   (See the note about the usage of the pattern 要 ... 了 in Lesson 14.)

2. **越来越多的人打算去中国留学。** Yuè lái yuè duō de rén dǎsuàn qù Zhōngguó liúxué.
   More and more people are planning to study in China.

   This phrase 越来越 expresses gradual changes in degree with the progression of time, e.g., 他英语说得越来越好。/我越来越喜欢学汉语。

拓展练习 Tuòzhǎn liànxí Develop skills

1. **听读** Tīng dú **Listening and reading**

第一组:

月初 月中 月底 月末

年初 年中 年底 年末 年终

第一学期 第二学期 第一学年 第二学年

第二组:

按时 按时上课

及时 (jíshí—in time) 及时通知

准时 (zhǔnshí—punctual; on time; on schedule) 准时到达

第三组:

来得及买火车票 来不及买飞机票

来得及吃饭 来不及休息

来得及去商店 来不及购物

来得及去医院 来不及体检（tǐjiǎn—health checkup）

第四组:

越来越好 越来越多 越来越少 越来越贵

越来越忙 越来越难 越来越热 越来越漂亮

找工作越来越难 天气越来越冷

越说越快　　越走越慢　　这本书越看越有意思

第五组：

办签证　　办护照　　办保险 (báoxiǎn—insurance)

办银行卡　　办驾照 (jià-zhào—driver's license)

办公证　　办认证

办担保证明 (dānbǎo zhèngmíng—guarantee paper)

办公司注册手续 (shǒuxù—procedures, formalities)

毕业证书 (zhèngshū—certificate)

汉语水平证书 (Hànyǔ shuǐpíng zhèngshū—Certificate of Chinese Proficiency)

无犯罪记录证明 (wú fànzuì jìlù zhèngmíng—Certificate of No Criminal Conviction)

第六组：

跟留学生办公室联系　　与旅行社联系

和他没联系　　没和他联系

和他联系了

和他联系上了

和他没联系上

2. 替换练习 Tìhuàn liànxí **Pattern drills**

(1) 让我看看。

听听 / 试试 / 尝尝 (chángchang—to try)

准备准备 / 练习练习

(2) 老师让我去办公室。

大家　　教室 / 他　　实验室 (shíyànshì—lab)

同学们　　图书馆 / 唐非亚　　操场

(3) 我请她教我汉语。

让　　帮我订机票 / 帮我买词典

让　　给我请假 / 写下住址 (zhùzhǐ—home address)

请　　到我办公室来

(4)A：现在办签证还来得及吗？

注册 / 报名 (bàomíng—to enter one's name; to sign up)

申请 / 做饭 / 去医院

B1: 来得及。

B2: 来不及。

(5) 来得及来不及去机场？

打电话 / 订 (dìng—to book) 饭店

吃饭 / 跟他联系

(6) 恐怕来不及告诉她了。

来不及申请签证 / 来不及回家了

来不了 / 去不了

(7) 我们可以多联系。

要 / 应该

需要 / 必须 (bìxū—must)

(8) 你们要和学校联系。

使馆 / 银行 / 警察局

牛先生 / 白小姐

(9) 你可以跟你的老师联系一下儿。

她的律师 / 他的父母 (fùmǔ—parents)

他的同事 / 房主 (fáng zhǔ—landlord)

3. 完成句子 Wánchéng jùzi **Complete the following sentences.**

(1) 因为时间不够，所以

(2) 九月才开学，来得及

(3) 他想下月底结婚，但工作太忙，

(4) 离考试还有十天，

(5) 这周六是我的生日，我想

(6) 我身体不舒服，恐怕

(7) 我想去中国留学，不知道能不能

(8) 人口 (rénkǒu—population) 越来越多，所以

(9) 你走的时候告诉我，我要

(10) 请多联系，我们可以

4. **看图说话** Kàn tú shuōhuà **Describe the pictures in Chinese.**

Tips: Make sentences using 越来越 ... accordingly

5. **复习课文** Fùxí kèwén **Review this lesson's texts.**

(1) Write a short paragraph based on the topics of this lesson and share it with your classmates.
(2) Ask each other questions based on the texts.
(3) Express the main contents/ideas of each text in your own words.

6. **交际练习** Jiāojì liànxí **Communication exercises**

(1) Do you intend to study abroad? Talk about your idea.
(2) Find some information about studying abroad and tell it to your friend.
(3) Write a note to your Chinese boss/teacher, asking for a leave of absence.

学汉字 Xué Hànzì Learn Chinese characters

1. **认写汉字** Rèn xiě Hànzì **Read and write Chinese characters.**

Example	Pinyin	Write Chinese Characters						
报	bào							
注	zhù							

Example	Pinyin	Write Chinese Characters
册	cè	
录	lù	
恐	kǒng	
怕	pà	
按	àn	
申	shēn	
改	gǎi	
突	tū	
担	dān	
心	xīn	
使	shǐ	
及	jí	
底	dǐ	

Example	Pinyin	Write Chinese Characters						
证	zhèng							
晚	wǎn							

2. 汉字部件 Hànzì bùjiàn **Character components**

王(王字旁，wángzìpáng—the "jade" radical): 现，玩，环(huán)，班(bān)
月(月字旁，yuèzìpáng—the "moon" radical): 腿，脚，胸，服，朋

Xuéxí bǐjì
学习笔记 Notes

Rìqī
日期：　年　月　日
Date

问题和困难 Wèntí hé kùnnan
Questions and difficulties:

Notes Xuéxí bǐjì 学习笔记

最想学的新词语 Zuì xiǎng xué de xīn cíyǔ
New words I want to learn:

Dì-sānshí'èr Kè Bāng Wǒ Cúndào U-pán Li

第三十二课 帮我存到 U 盘里

Lesson 32 Please help to save it to my flash drive

课文一 Kèwén yī Text one

安　娜：昨天我没来上课，
Ānnà: Zuótiān wǒ méi lái shàngkè,
把你的笔记借给我看看。
bǎ nǐ de bǐjì jiègěi wǒ kànkan.

丹尼尔：我的笔记本放在宿舍了，
Dānní'ěr: Wǒ de bǐjìběn fàng zài sùshè le,
不过，没关系，我把笔记
búguò, méi guānxi，wǒ bǎ bǐjì
存在我的笔记本电脑里了。
cún zài wǒ de bǐjìběn diànnǎo li le.
你有 U 盘吗？
Nǐ yǒu U-pán ma?
我帮你复制一下儿。
Wǒ bāng nǐ fùzhì yíxiàr.

安　娜：有，给你。帮我存到 U 盘里。
Ānnà: Yǒu, gěi nǐ. Bāng wǒ cúndào U-pán li.

丹尼尔：正好，我正在做作业，电脑开着呢。
Dānní'ěr: Zhènghǎo, wǒ zhèngzài zuò zuòyè, diànnǎo kāizhe ne.
等一下儿，马上就好。
Děng yíxiàr, mǎshàng jiù hǎo.

参考词汇 Cānkǎo cíhuì New words

1.	存	cún	to store, to keep, to save
2.	安娜	Ānnà	Anna
3.	放	fàng	to place, to put, to lay; to show (a film, etc); to play (a record, etc)
4.	笔记	bǐjì	(lecture) notes
	笔	bǐ	pen

笔记本	bǐjìběn	notebook
笔记本电脑	bǐjìběn diànnǎo	notebook computer; laptop
5. 宿舍	sùshè	dormitory
6. 不过	búguò	but, however
7. 正好	zhènghǎo	just in time; just right; happen to; chance to; as it happens
8. 正在	zhèngzài	just (doing sth.); in process of; in course of
9. 作业	zuòyè	school assignment; homework
10. 着	zhe	(aspect particle)
11. 马上	mǎshàng	at once; right away; immediately; in the near future; soon
12. 就	jiù	at once; right away; just

课文二 Kèwén èr Text two

林经理每次开会都要带笔、笔记本或纸。有一次他忘了带笔，正着急呢，突然摸到包里的手机。这种手机可以录音。他打开手机，把开会的内容都录了下来。

Lín jīnglǐ měi cì kāihuì dōu yào dài bǐ, bǐjìběn huò zhǐ. Yǒu yí cì tā wàngle dài bǐ, zhèng zháojí ne, tūrán mōdào bāo li de shǒujī. Zhè zhǒng shǒujī kěyǐ lùyīn. Tā dǎkāi shǒujī, bǎ kāihuì de nèiróng dōu lùle xiàlái.

参考词汇 Cānkǎo cíhuì New words

1. 林	Lín	(a Chinese surname)
2. 每次	měi cì	every time
3. 纸	zhǐ	paper
4. 摸	mō	to touch, to stroke
5. 录音	lùyīn	to record (sound); record
录音机	lùyīnjī	recorder
6. 内容	nèiróng	content

注 释 Zhùshì Notes

1. **不过，没关系** búguò, méi guānxi **Well, it doesn't matter.**

不过, as a conjunction, expresses a turn in a conversation and connects the clauses. It denotes a milder transition in tone than 但是 or 可是.

2. **我正在写作业，电脑开着呢。** Wǒ zhèngzài xiě zuòyè, diànnǎo kāizhe ne.
I am doing my homework now, and my computer is on.

A. In Chinese, the progressive aspect of action is indicated by 在，正在，正，在 ... 呢，正 ... (着)呢，or 呢.

For example:

① 外边（正）下（着）雨呢。

② A: 你在做什么？ B: 我在写作业。

The pattern 没在 + v. is often used as the negative form. For example:

① 我没在写作业，我在写信。

② A: 你在写作业吗？ B: 我没在写作业。

An action in progress may take place in the present, the past, or the future. For example:

① A: 你在看什么呢？ B: 我在看笔记呢。 (in the present)

② 昨天你给我打电话的时候，我正在开车。 (in the past)

③ 明天上午十点她可能在开会。 (in the future)

The action in progress may has continued for some time since it started. For example:

他正在准备考大学。

B. 电脑开着呢。

The aspect particle 着 is added directly after a verb (and some adjectives) to express a continuing action or state. For Example:

① 他在椅子上坐着。

② 门关着。

Its negative form is 没(有) + v. + 着. For Example:

电脑没开着。

Its affirmative-negative question form is v. +着+没有 or v. +着+没+ v. +着. For Example:

① 门开着没有？ ② 门开着没开着？

The two verbs in this type of sentence must be the same.

3. **马上就好** Mǎshàng jiù hǎo. **It'll be ready/finished in a minute. / It's nearly ready.**

拓展练习 Tuòzhǎn liànxí Develop skills

1. 听读 Tīng dú **Listening and reading**

第一组：

笔　铅笔 (qiānbǐ—pencil)　圆珠笔 (yuánzhūbǐ—ball-point pen)

记号笔 (jìhaobǐ—marker)　毛笔 (máobǐ—writing brush)　粉笔 (fěnbǐ—chalk)

第二组：

录下来	写下来	记下来	买下来
走上去	走下去	跑上去	跑下去
走上来	走下来	跑上来	跑下来
走过去	走过来	跑过去	跑过来

第三组：

突然看到　突然听到

突然感到　突然遇到

第四组：

忘了带钱　　忘记了银行卡密码
记得她的年龄 (niánlíng—age)　　记不得她的生日
记得他去年来过　　不记得他哪天来的

第五组：

打开电脑　　打开开关　　打开书　　打开灯
关上手机　　关上大门　　关上开关
合 (hé—to close/shut) 上书　　合上笔记本　　合上开关

第六组：

把门打开　　把窗户关上
把邮箱打开　　把冰箱门关上
车门关不上　　邮箱打不开　　汽车发动不起来

2. 替换练习 Tìhuàn liànxí　Pattern drills

(1) 他(正)在看书(呢)。

上网/上厕所
看电视/洗衣服
打电话/和朋友聊天

(2) 电脑关着呢。

电视/录音机/灯
门/窗户(chuānghu—window)

(3) 我进来的时候，她正在 写信。

做饭/洗衣服
熨(yùn—to iron)衣服
收拾房间(shōushi fángjiān—to tidy up a room)

(4) 正着急呢，他来了。

上课/听录音
做作业/听讲座

(5) 记不记得那个网址？

护照号码/学过的课文/上车的地方
那个饭店的名字/保险箱密码(bǎoxiǎnxiāng mìmǎ—combination for the safe)
他的车牌号

(6) 我把词典放在教室了。

办公室/客厅里
桌子上/椅子上
书架(shūjià—bookshelf)上/抽屉（chōuti—drawer)里

3. **完成句子** Wánchéng jùzi **Complete the following sentences.**

(1) 可以把照片存到 U 盘里，然后

(2) 门打不开了，因为

(3) 正上课的时候，突然

(4) 房间里没人，但灯还开着，可能

(5) 听课的时候，她把

(6) 我还记得那个人的名字，因为

(7) 这个词不常用，我

(8) 从楼上下来时，他

(9) 我没有借到他的笔记，不过

(10) 离开房间的时候，把灯

4. **看图说话** Kàn tú shuōhuà **Describe the pictures in Chinese.**

Tips: Use the sentence pattern 把 ... 放在 ...

5. 复习课文 Fùxí kèwén **Review this lesson's texts.**

(1) Write a short paragraph based on the topics of this lesson and share it with your classmates.
(2) Ask each other questions based on the texts.
(3) Express the main contents/ideas of each text in your own words.

6. 交际练习 Jiāojì liànxí **Communication exercises**

(1) Make a list of the stationary you plan to buy.
(2) What job do you want to do if you need to work part-time. Explain the reason. Write an e-mail to the HR manager to apply for the job.
(3) Describe an ongoing action or state.
(4) Prepare a presentation on certain topic in advance, and present it in your learning group.

学汉字 Xué Hànzì Learn Chinese characters

1. 认写汉字 Rèn xiě Hànzì **Read and write Chinese characters.**

Example	Pinyin	Write Chinese Characters						
正	zhèng							
存	cún							

Example	Pinyin	Write Chinese Characters						
摸	mō							
内	nèi							
容	róng							
宿	sù							
舍	shè							
纸	zhǐ							
笔	bǐ							
林	lín							

2. **汉字部件** Hànzì bùjiàn **Character components**

心(心字底，xīnzìdǐ—the "heart" bottom): 想，您，怎

忄(竖心旁，shùxīnpáng—the "heart" radical): 快，慢(màn)，忙(máng)

Notes Xuéxí bǐjì 学习笔记

Rìqī
日期：　　年　　月　　日
Date

问题和困难 Wèntí hé kùnnan
Questions and difficulties:

Xuéxí bǐjì
学习笔记 Notes

最想学的新词语 Zuì xiǎng xué de xīn cíyǔ
New words I want to learn:

Dì-sānshísān Kè Kěnéng Wǎn Dào Yíhuìr

第三十三课 可能晚到一会儿

Lesson 33 He may be here a bit late

课文一 Kèwén yī Text one

主　任：小牛，会议文件打印好了吗？

Zhǔrèn: Xiǎo Niú, huìyì wénjiàn dǎyìn hǎo le ma?

牛秘书：打印好了，我刚复印了二十份。

Niú mìshū: Dǎyìn hǎo le, wǒ gāng fùyìnle èrshí fèn.

主　任：二十份不够，再复印五份。

Zhǔrèn: Èrshí fèn bú gòu, zài fùyìn wǔ fèn.

牛秘书：嗯。主任，刚才白局长来电话说可能晚到一会儿，我们是不是把会议时间推迟半小时？

Niú mìshū: Ǹg. Zhǔrèn, gāngcái Bái júzhǎng lái diànhuà shuō kěnéng wǎn dào yíhuìr, wǒmen shì bu shì bǎ huìyì shíjiān tuīchí bàn xiǎoshí?

主　任：可以。不过，你得提前通知一下儿林处长。

Zhǔrèn: Kěyǐ. Búguò, nǐ děi tíqián tōngzhī yíxiàr Lín chùzhǎng.

牛秘书：好，我马上给他打电话。

Niú mìshū: Hǎo, wǒ mǎshàng gěi tā dǎ diànhuà.

主　任：不，你去一趟他的办公室，顺便把这份文件交给他。

Zhǔrèn: Bù, nǐ qù yí tàng tā de bàngōngshì, shùnbiàn bǎ zhè fèn wénjiàn jiāogěi tā.

牛秘书：好的。

Niú mìshū: Hǎo de.

主　任：还有，中午的工作餐准备得怎么样了？

Zhǔrèn: Hái yǒu, zhōngwǔ de gōngzuòcān zhǔnbèi de zěnmeyàng le?

牛秘书：准备好了，没问题。

Niú mìshū: Zhǔnbèi hǎo le, méi wèntí.

参考词汇 Cānkǎo cíhuì New words

1.	会议	huìyì	conference, meeting
	会	huì	meeting
2.	办公室主任	bàngōngshì zhǔrèn	director of administrative office; chief administrator
3.	秘书	mìshū	secretary
4.	打印	dǎyìn	to print out
	打印机	dǎyìnjī	printer
5.	复印	fùyìn	to xerox; to make a copy
	复印机	fùyìnjī	photocopier
6.	份	fèn	(measure word) part, portion, piece, copy
7.	再	zài	again; once more
8.	嗯	ǹg	(indicating response) OK, well
9.	局长	júzhǎng	general director
	局	jú	bureau, office
10.	来电话	lái diànhuà	to telephone
11.	处长	chùzhǎng	director of a department or office; section chief
12.	推迟	tuīchí	to postpone; to put off
13.	顺便	shùnbiàn	(do sth. in addition to what one is already doing, without much extra effort) by the way
14.	交	jiāo	to hand over; to give up; to deliver; to associate with; to pay
15.	还有	hái yǒu	in addition
16.	工作餐	gōngzuòcān	working lunch

课文二 Kèwén èr Text two

马克给小白打电话，想告诉小白，他明天不能去机场接王先生了。他想托小白把一张支票转交给王先生。可是电话老打不通，打通了又没人接。马克只好给小白发了一个手机短信。马克等了一下午，也没接到小白的电话。他担心小白没收到他的短信，就在小白的办公桌上留了一张便条。

晚上，小白回电话了，说："没问题，我去接。"马克这才放心。

Mǎkè gěi Xiǎo Bái dǎ diànhuà, xiǎng gàosu Xiǎo Bái, tā míngtiān bù néng qù jīchǎng jiē Wáng xiānsheng le. Tā xiǎng tuō Xiǎo Bái bǎ yì zhāng zhīpiào zhuǎnjiāo gěi Wáng xiānsheng. Kěshì diànhuà lǎo dǎ bu tōng, dǎtōngle yòu méi rén jiē. Mǎkè zhǐhǎo gěi Xiǎo Bái fāle yí gè shǒujī duǎnxìn. Mǎkè děngle yí xiàwǔ, yě méi jiēdào Xiǎo Bái de diànhuà. Tā dānxīn Xiǎo Bái méi shōudào tā de duǎnxìn, jiù zài Xiǎo Bái de bàngōngzhuō shang liúle yì zhāng biàntiáo.

Wǎnshang, Xiǎo Bái huí diànhuà le, shuō: "Méi wèntí, wǒ qù jiē." Mǎkè zhè cái fàngxīn.

参考词汇 Cānkǎo cíhuì New words

1. 接	jiē	to meet, to welcome; to pick up
送	sòng	to see sb. off
2. 托	tuō	to ask, to entrust
3. 支票	zhīpiào	cheque
4. 转交	zhuǎnjiāo	to pass on; to transfer
5. 打不通	dǎ bu tōng	get through (a phone call)
6. 也	yě	(used for emphasis, often before a negative expression) either, too
7. 办公桌	bàngōngzhuō	desk
8. 留	liú	to leave behind; to remain, to stay, to reserve; to ask/keep sb. to stay (for sth.)
9. 便条	biàntiáo	(informal) note
10. 放心	fàngxīn	to set one's mind at rest; to be at ease

注　释 Zhùshì Notes

1. 我们是不是把会议时间推迟半小时?
Wǒmen shì bu shì bǎ huìyì shíjiān tuīchí bàn xiǎoshí?

Shall we delay the meeting for half an hour?

A. This structure 是不是 is used to form a question to offer an opinion or a suggestion, with expectation of a reply.

B. Questions with 是不是 (or 是吗) also express speculation, meaning the speaker expects an affirmative response from the listener(s).

For example:

① A: 是不是九点开会?　　B: 不是。十点开会。
② A: 这份文件是不是已经交给他了?　　B: 还没交给他。
③ A: 电话没人接，是不是?　　B: 对，没人接。/ 是，没人接。

C. 推迟半小时 (See the note about time-measure complement for verbs of actions in Lesson 28.)

2. 你去一趟他的办公室。 Nǐ qù yí tàng tā de bàngōngshì. You go to his office.

(See the note about measure words for verbs of actions in Lesson 14.)

3. 好的。 Hǎo de. Okay.

A modal particle 的 is used to emphasize the affirmative tone.

4. 打通了又没人接。 Dǎtōngle yòu méi rén jiē.

(Mark) got through on the phone but no one answered it.

又 can be used in a negative statement or rhetorical question for emphasis. More examples:

① 想买又没钱。
② 有了钱又能怎么样呢?

5. **他担心小白没收到他的短信，就在小白的办公桌上留了一张便条。**
Tā dānxīn Xiǎo Bái méi shōudào tā de duǎnxìn, jiù zài Xiǎo Bái de bàngōngzhuō shang liúle yì zhāng biàntiáo.
He left a note on Xiao Bai's desk in case that he didn't receive his short message.

拓展练习 Tuòzhǎn liànxí Develop skills

1. **听读** Tīng dú **Listening and reading**

第一组:

晚到一会儿　早到十分钟
晚去一会儿　早去一刻钟
晚来一会儿　早来一会儿

第二组:

处长　局长　部长　副部长 (fù bùzhǎng—vice minister)
省长 (shěngzhǎng—governor of a province)
市长 (shìzhǎng—mayor)
县长 (xiànzhǎng—the head of a county)
村长 (cūnzhǎng—village head)
校长 (xiàozhǎng—principal/president)
厂长 (chǎngzhǎng—factory director)
班长 (bānzhǎng—class monitor/work team leader)
董事长 (dǒngshìzhǎng—chairman of the board)

第三组:

提前开会　提前通知　提前准备　提前订座
推迟开会　推迟通知　推迟准备　推迟订座
提前半小时　提前两天　提前到八点
推迟一小时　推迟一个星期　推迟到晚上七点

第四组:

早餐　午餐　晚餐
中餐　西餐
晚宴 (wǎnyàn—dinner party)　宴会 (yànhuì—banquet/dinner party)
工作餐　自助餐 (zìzhùcān—buffet)　快餐 (kuàicān—fast food)

第五组:

交给他　转交给他　把支票转交给他
交朋友　交男朋友　交新朋友

喜欢交朋友　　不会交朋友

第六组：

想去又没时间　　想学汉语又没老师

有困难又不愿意说　　有钱又不愿意花（huā—to spend）

第七组：

去一趟学校　　再去一趟

去了两次　　就去过一次

请读一遍　　多读几遍

来过一回　　看过两回

第八组：

留一张便条　　留两张纸　　留一千块钱

留作业　　不留作业

留在中国　　把孩子留在这里　　留下很多东西

留住他　　留不住他　　留下来

第九组：

去机场接人　　去火车站送人

在大门口等人　　在大厅等人

接她回家　　送她回家

2. 替换练习 Tìhuàn liànxí　Pattern drills

(1) 请把这份文件交给她

这个礼物/这份名单(míngdān—name list)

那封信/那份日程表(rìchéngbiǎo—schedule)

(2) 我刚收到张处长的短信。

看到　　电子邮件

接到　　邀请信(yāoqǐngxìn—letter of invitation)

(3) 她刚写完 会议日程。

工作计划(gōngzuò jìhuà—work plan)

会议议程(huìyì yìchéng—meeting agenda)

工作总结(gōngzuò zǒngjié—work summary)

(4) 刚才我 去办公室了。

去复印文件/去见牛局长

给白秘书打电话/给小黄发短信

去复印名单/把钱交给李主任

(5) 林主任刚才来电话了。

黄处长　　去会议室

白部长　　找马局长谈话(tánhuà—to talk)

牛市长　讲话(jiǎnghuà—to speak/address)

(6) 看了半天也没看懂。

找　找到

听　听懂

学　学会

等　等到

3. **完成句子** Wánchéng jùzi **Complete the following sentences.**

(1) ______，应该提前通知。

(2) 晚餐的时间推迟到______

(3) 有时候吃中餐，有时候______

(4) 会议日期定好了 (dìnghǎo le—decided/fixed)，可是______

(5) 路上堵车 (dǔ chē—traffic jam)，所以______

(6) 我对他不放心，因为______

(7) ______，然后再休息。

(8) 我们等他等了半小时，他______

(9) 他还没回电话，我们是不是______

(10) 这个计划 (jìhuà—plan) 不错，不过，______

4. 看图说话 Kàn tú shuōhuà **Describe the pictures in Chinese.**

Tips: Make sentences using... 来早了/来晚了.

5. 复习课文 Fùxí kèwén **Review this lesson's texts.**

(1) Write a short paragraph based on the topics of this lesson and share it with your classmates.
(2) Ask each other questions based on the texts.
(3) Express the main contents/ideas of each text in your own words.

6. 交际练习 Jiāojì liànxí **Communication exercises**

(1) Make a call back after a missed call.
(2) Read the example below, and then draw up a similar schedule for an activity.

会议名称：环保研究所工作会议 会议日期：12 月 20 日（星期一） 会议地点：环保研究所会议室 会议主持人：办公室主任	会议日程： 9：00—12：00 1) 黄处长汇报环保所工作 2) 讨论工作计划 12：00—13：30 工作餐、休息 13：30—14：30 李局长参观环保研究所 14：30—16：00 1) 牛总工程师介绍重点科研项目 2) 李局长讲话 （会议结束）

参考词汇 Cānkǎo cíhuì New words

1. 会议名称	huìyì míngchēng	name/title of the conference
2. 地点	dìdiǎn	venue
3. 参观	cānguān	to visit; to have a look around
4. 研究所	yánjiūsuǒ	research institute
5. 主持人	zhǔchírén	chairperson, host
6. 日程	rìchéng	schedule
7. 汇报	huìbào	to report
8. 总工程师	zǒng gōngchéngshī	chief engineer
9. 重点	zhòngdiǎn	major, key
10. 科研	kēyán	scientific research
11. 项目	xiàngmù	project
12. 讲话	jiǎnghuà	to make a speech; to address

学汉字 Xué Hànzì Learn Chinese characters

1. **认写汉字** Rèn xiě Hànzì **Read and write Chinese characters.**

Example	Pinyin	Write Chinese Characters						
印	yìn							
任	rèn							
托	tuō							
秘	mì							
桌	zhuō							
接	jiē							
份	fèn							

Example	Pinyin	Write Chinese Characters						
处	chù							
局	jú							
推	tuī							
迟	chí							
计	jì							
划	huà							
顺	shùn							

2. 汉字部件 Hànzì bùjiàn **Character components**

耂(老字头，lǎozìtóu—the top radical of "old"): 老，考，孝(xiào)
禾(禾字旁，hézìpáng—the "crop" radical): 和，种，程，私(sī)，利(lì)

Notes Xuéxí bǐjì 学习笔记

Rìqī
日期：______年____月____日
Date

问题和困难 Wèntí hé kùnnan
Questions and difficulties:

Xuéxí bǐjì
学习笔记 Notes

Rìqī
日期：年月日
Date

最想学的新词语 Zuì xiǎng xué de xīn cíyǔ
New words I want to learn:

Dì-sānshísì Kè Nǐ Xiě Ge Shēnqǐng

第三十四课 你写个申请
Lesson 34 Make a request

课文一 Kèwén yī Text one

小 林：田主任，我们办公室的
Xiǎo Lín: Tián zhǔrèn, wǒmen bàngōngshì de
复印机和传真机老出毛病，
fùyìnjī hé chuánzhēnjī lǎo chū máobìng,
已经用了五年了，
yǐjīng yòngle wǔ nián le,
太老了。能不能换新的？
tài lǎo le. Néng bu néng huàn xīn de?

田主任：今年办公费比较紧张。现在快到年底了，
Tián zhǔrèn: Jīnnián bàngōngfèi bǐjiào jǐnzhāng. Xiànzài kuài dào niándǐ le,
你们先找人修理修理，凑合用。明年给你们买新的。
nǐmen xiān zhǎo rén xiūlǐ xiūlǐ, còuhe yòng. Míngnián gěi nǐmen mǎi xīn de.

小 林：还有，要给新来的秘书配一台电脑。
Xiǎo Lín: Hái yǒu, yào gěi xīn lái de mìshū pèi yì tái diànnǎo.

田主任：好，你写个申请，马上交给我。
Tián zhǔrèn: Hǎo, nǐ xiě ge shēnqǐng, mǎshàng jiāogěi wǒ.

参考词汇 Cānkǎo cíhuì New words

1. 田	Tián	(a Chinese surname)
2. 传真机	chuánzhēnjī	fax machine
传真	chuánzhēn	facsimile, fax
3. 办公费	bàngōngfèi	administrative expenses
4. 紧张	jǐnzhāng	short of supply; tight, nervous
5. 年底	niándǐ	the end of the year
6. 凑合	còuhe	make do (with sth.); passable; not too bad
7. 配	pèi	to provide (manpower or equipment); find sth. to fit or replace sth. else

课文二 Kèwén èr Text two

马克要帮朋友租一间一百平方米左右的办公室。昨天，一个房主陪他去了一个办公楼。这个办公楼离市中心不远，大约六公里。楼上三层有一个一百一十平方米的房间，比他朋友现在的办公室大二十平方米。电话、空调、网线、桌子、椅子都有，条件好极了。可是，租金贵了点儿，一年九十万元。关于租金的事，他得问问朋友的意见，如果朋友同意，就可能和房主签合同。

Mǎkè yào bāng péngyou zū yì jiān yìbǎi píngfāngmǐ zuǒyòu de bàngōngshì. Zuótiān, yí gè fángzhǔ péi tā qùle yí gè bàngōnglóu. Zhè ge bàngōnglóu lí shì zhōngxīn bù yuǎn, dàyuē liù gōnglǐ. Lóushàng sān céng yǒu yí gè yìbǎi yīshí píngfāngmǐ de fángjiān, bǐ tā péngyou xiànzài de bàngōngshì dà èrshí píngfāng mǐ. Diànhuà, kōngtiáo, wǎngxiàn, zhuōzi, yǐzi dōu yǒu, tiáojiàn hǎo jí le. Kěshì, zūjīn guìle diǎnr, yì nián jiǔshí wàn yuán. Guānyú zūjīn de shì, tā děi wènwen péngyou de yìjiàn, rúguǒ péngyou tóngyì, jiù kěnéng hé fángzhǔ qiān hétong.

参考词汇 Cānkǎo cíhuì New words

1. 平方米	píngfāngmǐ	square metre
2. 左右	zuǒyòu	(used after numbers) about; or so
3. 房主	fángzhǔ	house owner; landlord
4. 陪	péi	to accompany
5. 房间	fángjiān	room
6. 空调	kōngtiáo	air conditioner
7. 网线	wǎngxiàn	network cable
8. 桌子	zhuōzi	table, desk
9. 椅子	yǐzi	chair
10. 条件	tiáojiàn	condition, term, factor
11. 好极了	hǎo jí le	extremely/exceedingly good
贵极了	guì jí le	extremely/exceedingly expensive
12. 意见	yìjiàn	opinion, idea, view, suggestion, objection; differing opinion
13. 同意	tóngyì	to agree, to consent, to approve
14. 关于	guānyú	about, on; with regard to; concerning
15. 签	qiān	to sign
16. 合同	hétong	contract

注 释 Zhùshì Notes

1. 比他朋友现在的办公室大二十平方米。

Bǐ tā péngyou xiànzài de bàngōngshì dà èrshí píngfāngmǐ.

(That office) is twenty square metres bigger than his friend's office.

This sentence includes a 比 phrase (比 ... 大) and its complement of quantity (二十平方米). The 比 phrase is used as an adjective predicate. The complement of quantity (a numeral-measure word phrase) is used after the main element of the predicate to express specific difference between two things or persons.

The question form for this type of sentence is adj. + 多少. For example:

A: 这间房比那间大多少？ B: 这间房比那间大十平方米。

A: 这条路比那条路长多少？ B: 长二十公里。

2. 条件好极了。 Tiáojiàn hǎo jí le. **The environment (of the office) is excellent.**

极了,多 and 一点儿 are often placed after an adjective to function as a complement of degree.

极了 denotes a extremely high degree.

多了 indicates that the difference is great. For example: 这个房间比那个房间大多了。

一点儿 indicates a slight difference between two things or persons. For example: 这台复印机比那台贵一点儿。

拓展练习 Tuòzhǎn liànxí Develop skills

1. 听读 Tīng dú **Listening and reading**

第一组：

办公费　停车费　电话费　水电费　住宿费

房费　学费　路费(lùfèi—travelling expenses)

服务费(fúwùfèi—service fee)

手续费(shǒuxùfèi—service/commission charge)

租金　押金(yājīn—deposit)　奖学金(jiǎngxuéjīn—scholarship)

第二组：

交钱　交订金(dìngjīn—deposit)

交学费　交停车费　交税(shuì—tax)

第三组：

办公条件　办公地点　办公设备(shèbèi—equipment)

第四组：

大了点儿　小了点儿　早了点儿　晚了点儿

远了点儿　难了点儿　热了点儿　慢了点儿

颜色深了点儿。(Yánsè shēnle diǎnr.—The colour is a little dark.)

第五组：

配家具　给他配秘书　不给他配汽车

配眼镜(yǎnjìng—glasses)　配钥匙(yàoshi—key)

汽车配件(pèijiàn—parts, fittings)　电脑配件

第六组：

凑合用　凑合吃　凑合看　凑合住

这个复印机质量(zhìliàng—quality)一般，凑合用。

这个卧室很小，凑合住。

第七组：

市中心　在市中心　离市中心很远

贸易(màoyì—trade) 中心　金融(jīnróng—finance)中心

商业(shāngyè—business)中心

信息(xìnxī—information)中心　服务中心

培训中心　语言(yǔyán—language)中心

研究(yánjiū—research)中心

第八组：

问问老师的意见　说说你的建议

听听家长(jiāzhǎng—the head of a family)的意见

听听员工(yuángōng—staff)的建议

第九组：

签字　签名　签收(qiānshōu—to sign after receiving sth.)

在合同书上签字　在申请书上签字

第十组：

两厘米　四点五米　六百公里　一千二百公里

五平方米　四十平方米　一百平方公里

八十公里左右　七十人左右　一万块钱左右

一百万（1 000 000）　一千万(10 000 000)　一亿(100 000 000)

2. 替换练习 Tìhuàn liànxí　Pattern drills

(1) 如果他同意，我们就和房主签合同。

公司/会计师事务所(kuàijìshī shìwùsuǒ—accounting firm)

银行/雇主(gùzhǔ—employer)

(2) 这里的办公条件不错。

工作/学习/研究

培训/训练(xùnliàn—to train)

(3) 这儿离那儿大约二十五公里。

市中心/那个城市(chéngshì—city)

我们住的饭店/下一个加油站

(4) 这个教室大概九十多平方米。

会议室/大厅

卧室/休息室(xiūxishì—lounge)

厨房(chúfáng—kitchen)/客厅
浴室(yùshì—bathroom)/卫生间(wèishēngjiān—restroom)

(5) 这个空调比那个贵多少钱?
这台打印机比那台
这所学校的学费比那所学校
这个月的水电费比上个月

(6) 她比她妹妹漂亮多了。
这件衣服比那件
这儿的风景比那儿的
他画的画儿比我画的
这辆汽车比那辆

(7) 这台复印机用了多长时间了?
空调/冰箱/打印机
摄像机(shèxiàngjī—video camera)
幻灯机(huàndēngjī—slide projector)

(8) 你当过几年律师?
老师/处长/记者(jìzhě—journalist)
服务员/司机(sījī—driver)

(9) 你要在那儿住几天?
等/休息(xiūxi—to rest)
玩儿/待(dāi—to stay)

3. 完成句子 Wánchéng jùzi **Complete the following sentences.**

(1) 快到加油站了,我们

(2) 时间有点紧张,所以

(3) 别紧张,

(4) 别着急,下月初

(5) 关于合同问题,我

(6) 关于这次考试,老师

(7) 关于工资的事，我得

(8) 关于明年的工作计划，李处长

(9) 这是关于学校的信息，你要

(10) 这本书是关于中国经济的，你

4. 看图说话 Kàn tú shuōhuà **Describe the pictures in Chinese.**

Tips: Talk about the office equipment you are familiar with.

5. 复习课文 Fùxí kèwén **Review this lesson's texts.**

(1) Write a short paragraph based on the topics of this lesson and share it with your classmates.
(2) Ask each other questions based on the texts.
(3) Express the main contents/ideas of each text in your own words.

6. 交际练习 Jiāojì liànxí Communication exercises

(1) You want to upgrade the equipment in your office. Tell your idea to your boss.

(2) Your friend asks you to help him find a suitable appartment to rent. After finding a suitable one, tell your friend the information about the appartment by phone.

(3) Read the following examples of office supply requests. Then write a request to the administrative office or your boss for the purchase of some stationery.

Example 1:

关于购买办公设备的申请

办公室：

广告部将新增加一名职员，需给他配备一套办公桌椅和一台电脑。

特提出以上申请，望批准。

广告部

2012年8月8日

Example 2:

关于购买办公设备的申请

牛田力主任：

生产部将新增加两名职员，需给他们各配备一套办公桌椅和一台电脑。

特提出以上申请，望批准。

生产部经理 李明

2012年8月12日

参考词汇 Cānkǎo cíhuì New words

1.	购买	gòumǎi	to purchase
2.	需	xū	to need
3.	广告部	guǎnggàobù	advertising section
4.	生产部	shēngchǎnbù	production section
5.	增加	zēngjiā	to add, to increase, to raise
6.	职员	zhíyuán	office worker; staff member
7.	各	gè	respectively, variously
8.	特	tè	for a special purpose; specially
9.	提出	tíchū	to put forward; to advance
10.	以上	yǐshàng	the above; the foregoing
11.	批准	pīzhǔn	to ratify, to approve

学汉字 Xué Hànzì Learn Chinese characters

1. 认写汉字 Rèn xiě Hànzì **Read and write Chinese characters.**

Example	Pinyin	Write Chinese Characters						
费	fèi							
陪	péi							
配	pèi							
传	chuán							
紧	jǐn							
凑	còu							
合	hé							
极	jí							
调	diào							
平	píng							
椅	yǐ							
线	xiàn							

Example	Pinyin	Write Chinese Characters						
签	qiān							

2. 汉字部件（Hànzì bùjiàn） **Character components**

覀 (西字头，xīzìtóu—the "west" top radical): 要，票
宀 (宝盖儿，bǎogàir—the "roof" top radical): 家，完，客

Notes Xuéxí bǐjì 学习笔记

Rìqī
日期：　年　月　日
Date

问题和困难 Wèntí hé kùnnan
Questions and difficulties:

Xuéxí bǐjì
学习笔记 Notes

Rìqī
日期：　年　月　日
Date

最想学的新词语 Zuì xiǎng xué de xīn cíyǔ
New words I want to learn:

Dì-sānshíwǔ Kè Nǐ Shìhé Zhè Ge Gōngzuò
第三十五课 你适合这个工作
Lesson 35 You are fit for this job

课文一 Kèwén yī Text one

林经理：我看过你的简历了，
Lín jīnglǐ: Wǒ kànguo nǐ de jiǎnlì le,
你的专业适合这个工作。
nǐ de zhuānyè shìhé zhè ge gōngzuò.
但是，你没有工作经验。
Dànshì, nǐ méiyǒu gōngzuò jīngyàn.

安　娜：是的。虽然我没有工作经验，
Ānnà: Shì de. Suīrán wǒ méiyǒu gōngzuò jīngyàn,
但我会很快适应这个工作的。
dàn wǒ huì hěn kuài shìyìng zhè ge gōngzuò de.

林经理：如果让你在这里试用三个月，你同意吗？
Lín jīnglǐ: Rúguǒ ràng nǐ zài zhèlǐ shìyòng sān gè yuè, nǐ tóngyì ma?

安　娜：我想问一下儿我的工资。
Ānnà: Wǒ xiǎng wèn yíxiàr wǒ de gōngzī.

林经理：一个月两千块钱。三个月后，如果你被正式聘用，
Lín jīnglǐ: Yí gè yuè liǎngqiān kuài qián. Sān gè yuè hòu, rúguǒ nǐ bèi zhèngshì pìnyòng,
工资会提高，还给你上保险。
gōngzī huì tígāo, hái gěi nǐ shàng bǎoxiǎn.

安　娜：那好吧。谢谢。
Ānnà: Nà hǎo ba. Xièxie.

参考词汇 Cānkǎo cíhuì New words

1.	适合	shìhé	to fit, to suit
	合适	héshì	suitable, appropriate, right
2.	简历	jiǎnlì	CV
3.	经验	jīngyàn	experience
4.	虽然……但（是）……	suīrán...dàn(shì)...	(often used correlatively with 但是 or 可是) though, although

5. 适应	shìyìng	to adapt to; to suit
6. 试用	shìyòng	on probation; to try out
7. 工资	gōngzī	salary, wages, pay
8. 被	bèi	(used in a passive sentence to introduce either the doer of the action or the action if the doer is not mentioned)
9. 正式	zhèngshì	officially; formal, official
10. 聘用	pìnyòng	to employ
11. 提高	tígāo	to raise, to increase
12. 上保险	shàng bǎoxiǎn	to insure
保险	bǎoxiǎn	insurance

课文二 Kèwén èr Text two

面试一结束，小白就匆匆地从办公楼里走出来。已经是傍晚了，天渐渐地黑了。她站着看了看天，好像那里有她的希望。想着刚才的面试，小白说不出是什么样的心情。她慢慢地走在大街上，看着飞快开过的汽车，不知道自己要去哪里。

Miànshì yì jiéshù, Xiǎo Bái jiù cōngcōng de cóng bàngōnglóu li zǒu chūlái. Yǐjīng shì bàngwǎn le, tiān jiànjiàn de hēi le. Tā zhànzhe kànle kàn tiān, hǎoxiàng nàlǐ yǒu tā de xīwàng. Xiǎngzhe gāngcái de miànshì, Xiǎo Bái shuō bu chū shì shénme yàng de xīnqíng. Tā mànmān de zǒu zài dàjiē shang, kànzhe fēikuài kāiguò de qìchē, bù zhīdào zìjǐ yào qù nǎlǐ.

参考词汇 Cānkǎo cíhuì New words

1. 面试	miànshì	interview
2. 匆匆	cōngcōng	hurriedly
3. 地	de	(structural particle, used to form an adverbial adjunct)
4. 傍晚	bàngwǎn	at dusk
5. 渐渐	jiànjiàn	gradually
6. 黑	hēi	black, dark
黑色	hēisè	black (colour)
7. 站	zhàn	to stand
8. 希望	xīwàng	hope, wish, expectation; to hope, to wish
9. 说不出	shuō bu chū	don't have words (or a way) to express
10. 心情	xīnqíng	frame or state of mind; mood

11. 慢　　màn　　slow; slowly
12. 大街　　dàjiē　　main street; street
13. 飞快　　fēikuài　　very fast

注 释 Zhùshì Notes

1. **是的。** Shì de. **Yes.**

但我会很快适应这个工作的。
(See the note about 的 in Lesson 33.)

2. **如果你被正式聘用** rúguǒ nǐ bèi zhèngshì pìnyòng **If you are employed officially ...**

You learned a kind of passive sentence in Lesson 22. There is another kind of passive sentence with the preposition 被 .

More examples:
① 他被那家公司聘用了。
② 简历被拿 (ná—to take) 走了。

3. **面试一结束，小白就匆匆地从办公楼里走出来。**
Miànshì yì jiéshù, Xiǎo Bái jiù cōngcōng de cóng bàngōnglóu li zǒu chūlái.
Xiao Bai hurried out of the office building immediately after the interview finished.

A. 匆匆地从办公室出来 : A reduplicated adjective or a phrase can be used as an adverbial modifier. In this type of sentence, the structural particle 地（de） is usually added after it. More examples:
① 他高高兴兴地回家了。
② 他舒舒服服地睡了一觉。
③ 好好（地）休息
④ 他飞快地跑出来。
⑤ 他一次又一次地发简历。
（See the note about reduplicated adjectives in Lesson 25.）
B. 一 ... 就 ... (See the note about it in Lesson 29.)

4. **她站着看了看天。** Tā zhànzhe kànle kàn tiān. **Standing there, She looked up at the sky.**

The verb with 着 (zhe) followed by another verb expresses the manner of the second action.
More examples:
① 他站着看书。
② 她笑 (xiào—to smile/laugh) 着说：“我通过面试了。”

拓展练习 Tuòzhǎn liànxí Develop skills

1. **听读** Tīng dú **Listening and reading**

第一组：

考试　　面试　　笔试　　口试

第二组：

适应工作　　适应环境(huánjìng—environment)

适应国外生活(shēnghuó—life)

适应当地习惯(dāngdì xíguàn—local custom)

适合这个工作　　适合这个职位　　适合当经理

第三组:

工作经历(jīnglì—experience)

工作能力(nénglì—ability/capacity)

工作方法(fāngfǎ—method/way)

提高工作能力　　提高工资　　提高汉语水平(shuǐpíng—level)

第四组:

天渐渐地黑了　　天渐渐黑了

人渐渐地少了　　人渐渐少了

钱渐渐地多了　　工作渐渐忙了

第五组:

匆匆地走　　匆匆地说　　慢慢地吃　　慢慢地看

飞快地跑　　飞快地追(zhuī—to chase/run after)

慢慢地站起来　　一字一句(jù—sentence)地说下去

第六组:

红　绿　黄　蓝　黑　白

红色　绿色　黄色　蓝色　黑色　白色

2. 替换练习 Tìhuàn liànxí **Pattern drills**

(1) 他的<u>专业</u>不适合这个工作。

身体/能力(nénglì—ability)

工作经验/性格(xìnggé—nature/disposition)

(2) <u>这个工作</u>对你<u>不太合适</u>。

这个时间　　比较合适

这个专业　　不太合适

这个职位(zhíwèi—position/post)　　非常不合适

(3) 他<u>坐着</u>看书。

躺(tǎng—to lie)着　　蹲(dūn—to squat)着

吃着饭　　听着音乐

(4) 她一边<u>吃饭</u>，一边<u>看着电视</u>。

写作业　　想着刚才的事

聊天　　听着音乐

上网　　打着电话

(5) 他的身体<u>渐渐</u>地好起来。

慢慢/一天一天

很快/一点一点

(6) 虽然没有工作经验，但他很快适应了这个工作。

没做过这样的工作

没上过大学

没参加过培训

(7) 工资虽然不高，但他喜欢这个工作。

这儿的工作环境/和他一起的同事

这个自由(zìyóu—free)的工作

这个舒适(shūshì—comfortable)的工作环境

(8) 书被小黄借走了。

钱/词典/汽车/杀毒盘

DVD机/照相机

3. 完成句子 Wánchéng jùzi **Complete the following sentences.**

(1) 我希望

(2) 工资虽然不高，但工作环境

(3) 面试虽然不太难，但他

(4) 虽然今天很累，但她

(5) 他虽然没参加培训，但他

(6) 他不适应在国外的生活，因为

(7) 他不太适合这个工作，因为

(8) 要想找一个好一点儿的工作，你应该

(9) 如果你觉得工资太低(dī—low)，你可以

(10) A: 这双鞋合适吗？ B:

4. **看图说话** Kàn tú shuōhuà **Describe the pictures in Chinese.**

Tips: Job hunting

5. 复习课文 Fùxí kèwén **Review this lesson's texts.**

(1) Write a short paragraph based on the topics of this lesson and share it with your classmates.
(2) Ask each other questions based on the texts.
(3) Express the main contents/ideas of each text in your own words.

6. 交际练习 Jiāojì liànxí **Communication exercises**

(1) Tell your classmates about your experience of an interview.
(2) Give some advice to someone who will have an interview soon.
(3) What job do you think you are fit for? Why?
(4) Write a letter of application with your CV enclosed for a position recently advertised.
(5) Prepare a presentation on relevant topics in advance, and present it in your learning group.

学汉字 Xué Hànzì Learn Chinese characters

1. 认写汉字 Rèn xiě Hànzì **Read and write Chinese characters.**

Example	Pinyin	Write Chinese Characters						
希	xī							
望	wàng							
简	jiǎn							
验	yàn							
资	zī							
街	jiē							
慢	màn							
心	xīn							

Example	Pinyin	Write Chinese Characters						
情	qíng							
虽	suī							
保	bǎo							
险	xiǎn							
适	shì							
地	dì							
黑	hēi							
渐	jiàn							
聘	pìn							

2. **汉字部件** Hànzì bùjiàn **Character components**

儿（儿字底，érzìdǐ —the bottom radical "child"）: 先，元，充，光

Notes Xuéxí bǐjì 学习笔记

Rìqī
日期：____年____月____日
Date

问题和困难 Wèntí hé kùnnan
Questions and difficulties:

Xuéxí bǐjì
学习笔记 Notes

最想学的新词语 Zuì xiǎng xué de xīn cíyǔ
New words I want to learn:

Dì-sānshíliù Kè　Wǒmen Jiàn Ge Miàn

第三十六课　我们见个面

Lesson 36 Let's have a meeting

课文一 Kèwén yī Text one

田小姐：喂。

Tián xiǎojiě: Wèi.

马　克：喂，是田小姐吧，我是马克。

Mǎkè: Wèi, shì Tián xiǎojiě ba, wǒ shì Mǎkè.

田小姐：你好，马克。

Tián xiǎojiě: Nǐ hǎo, Mǎkè.

马　克：有个事请你帮忙。

Mǎkè: Yǒu ge shì qǐng nǐ bāngmáng.

我想见一下儿外事处的

Wǒ xiǎng jiàn yíxiàr wàishìchù de

李先生。你能不能

Lǐ xiānsheng. Nǐ néng bu néng

安排我们见个面？

ānpái wǒmen jiàn ge miàn?

田小姐：他出差了，后天回来。下星期可能有时间。

Tián xiǎojiě: Tā chūchāi le, hòutiān huílái. Xià xīngqī kěnéng yǒu shíjiān.

马　克：好。下星期三、星期四下午我都可以。

Mǎkè: Hǎo. Xià xīngqīsān, xīngqīsì xiàwǔ wǒ dōu kěyǐ.

田小姐：马克，你找他有什么事吗？

Tián xiǎojiě: Mǎkè, nǐ zhǎo tā yǒu shénme shì ma?

马　克：我想跟他谈谈我工作合同的事，还要了解

Mǎkè: Wǒ xiǎng gēn tā tántan wǒ gōngzuò hétong de shì, hái yào liǎojiě

一下儿外国学生奖学金的事。

yíxiàr wàiguó xuésheng jiǎngxuéjīn de shì.

田小姐：好。你等我的回信儿。

Tián xiǎojiě: Hǎo. Nǐ děng wǒ de huíxìnr.

参考词汇 Cānkǎo cíhuì New words

1. 外事处	wàishìchù	section/office of foreign affairs
2. 安排	ānpái	to arrange; arrangement
3. 谈	tán	to talk, to discuss
4. 外国	wàiguó	foreign country
外国人	wàiguórén	foreigner
外语	wàiyǔ	foreign language
5. 奖学金	jiǎngxuéjīn	scholarship
6. 回信儿	huíxìnr	a verbal or written message in reply; reply
回信	huíxìn	a letter in reply; reply
回信	huíxìn	to write in reply; to write back

课文二 Kèwén èr Text two

前天，牛董事长约银行的钱行长见面，想咨询一下儿贷款的事。他把见面的地点安排在竹园茶楼，这里地方不大，但环境很好。他们可以一边喝茶，一边聊天。以前他们在这儿见过很多次面。

Qiántiān, Niú dǒngshìzhǎng yuē yínháng de Qián hángzhǎng jiànmiàn, xiǎng zīxún yíxiàr dàikuǎn de shì. Tā bǎ jiànmiàn de dìdiǎn ānpái zài Zhúyuán Chálóu, zhèlǐ dìfang bú dà, dàn huánjìng hěn hǎo. Tāmen kěyǐ yìbiān hē chá, yìbiān liáotiān. Yǐqián tāmen zài zhèr jiànguo hěn duō cì miàn.

参考词汇 Cānkǎo cíhuì New words

1. 约	yuē	to make an appointment
约会	yuēhuì	appointment, engagement, date
约见	yuējiàn	to make an appointment to meet; to ask for (or request) an appointment with
会见	huìjiàn	meet with
拜会	bàihuì	to pay an official call
拜访	bàifǎng	to pay a visit
访问	fǎngwèn	an official/unofficial visit; to visit
参观	cānguān	to visit (a place, museum, factory, etc); to visit
2. 行长	hángzhǎng	president of a bank
3. 贷款	dàikuǎn	to provide (or grant) a loan; to extend credit to; loan, credit
4. 地点	dìdiǎn	place, site, locale, venue
5. 茶楼	chálóu	teahouse
6. 聊天	liáotiān	to chat

注 释 Zhùshì Notes

1. **你找他有什么事吗？** Nǐ zhǎo tā yǒu shénme shì ma?
Can I help you? / May I ask what you want to see/talk to him for?

2. **他们见过很多次面。** Tāmen jiànguo hěn duō cì miàn.
They have met many times.

The verbal measure words 次，回，趟，or 遍 are often combined with numerals and placed after verbs as the action-measure complement to express how many times an action occurred. In addition to signifying the number of times, 遍 also denotes the whole process of an action from beginning to end.

When the object of the verb is a pronoun, the action-measure complement often comes after the object. When the object is a noun, the complement should be placed before the object. For example:

① 我找过他两次。
② A: 你去过几次中国？ B: 去过两次。

拓展练习 Tuòzhǎn liànxí Develop skills

1. **听读** Tīng dú **Listening and reading**

第一组：

见个面 吃个饭 回个信儿 洗个澡
跳个舞 唱个歌 睡个觉 开个会

第二组：

有时间 没时间 有地方 没地方
有事 没事 有什么事 没什么事

第三组：

地方(dìfang) 地方(dìfāng)/老实(lǎoshi) 老师(lǎoshī)
买卖(mǎimai) 买卖(mǎimài)/东西(dōngxi) 东西(dōngxī)

第四组：

会见 会见校长 会见大使(dàshǐ—ambassador)
会见总统(zǒngtǒng—president)
两国总统举行会见
约见 约见商务参赞(shāngwù cānzàn—commercial counsellor)
约见公司负责人(fùzérén—person in charge)
拜会 拜会大使 拜会教育部部长
拜访 拜访李教授 拜访校长拜访朋友
看望 看望朋友 看望老师 看望父母(fùmǔ—parents)
访问 访问中国 访问贵校
参观 参观博物馆 参观展览(zhǎnlǎn—exhibition)
会谈 举行(jǔxíng—to hold)会谈 双边会谈

第五组：

有一个约会　　跟同学有个约会

跟男朋友约会　　和同事约会

约会时间　　约会地点

第六组：

贷款的事　　考试的事　　休假的事

奖学金的事　　出国访问的事

我这会儿有事。—I am busy now.

你放心，不会出事。—Don't worry. There will not be any trouble.

出了什么事？—What's wrong?/What's happening?/What happened?

第七组

看过一次　　来过一次　　见了两次　　打了两次电话

看过一回　　吃过一次　　来了两趟

去使馆去了两次　　来公司来了三趟　　吃中餐吃了很多次

看了一遍　　写了两遍　　读了一遍　　听了三遍

2. 替换练习 Tìhuàn liànxí Pattern drills

(1) 他约<u>女朋友</u>下周五见面。

小田/张秘书/李处长

牛经理/白行长/系主任

(2) <u>我们</u>以前<u>见过面</u>。

我和他　　见过一次面

我跟他　　没见过面

(3) 他们一边<u>吃饭</u>一边<u>聊天</u>。

听音乐　　看电视

唱歌　　跳舞

(4) 黄先生请我们<u>吃饭</u>。

参加聚会/一起去旅游

参观展览/去他家

(5) 他们<u>去中国去了两次</u>。

来银行来了两回/读课文读了三遍

去超市(chāoshì—supermarket)去了两次

3. 完成句子 Wánchéng jùzi Complete the following sentences.

(1) 明天晚上你有时间吗？我想 ______________

(2) 新年放假，我们 ______________，怎么样？

(3) 那个地方我去过一次，我觉得那里的

(4) 我们能不能见个面，谈谈

(5) 牛行长明天有别的事，他不能

(6) 我想给林先生留个话，请告诉他

(7) 那里的自然环境很好，我们应该

(8) 他的工作环境不太好，所以

(9) 这里的投资 (tóuzī—investment) 环境不错，我们可以

(10) 明天去拜会马市长，要准备

4. 看图说话 Kàn tú shuōhuà **Describe the pictures in Chinese.**

Tips: Talk about an appointment on the phone

5. 复习课文 Fùxí kèwén **Review this lesson's texts.**

(1) Write a short paragraph based on the topics of this lesson and share it with your classmates.

(2) Ask each other questions based on the texts.

6. 交际练习 Jiāojì liànxí **Communication exercises**

(1) Ask your secretary to arrange an appointment with a business partner.

(2) You have not seen one of your friends for a long time. Make an appointment of a meeting-up with him/her by phone call.

(3) Read the following examples. Then write an invitation and a reply letter to your friend(s).

Example 1:

马克：

你好。

春节就要到了，我想请一些朋友聚会。时间定在1月25号（周五）晚六点，地点在花园酒家。我想请你和你夫人一起来。

能否参加，望告。

祝好

白春年

2013年1月20日

Example 2:

春年:

你好。

感谢你的邀请，我也想和你们聚一聚，但很抱歉，我恐怕去不了。因为25号我爸爸妈妈要来，我得去机场接他们。

春节放假的时候，找时间我请你们一起聚会。

提前祝你春节快乐!

马克

2013年1月22日

参考词汇 Cānkǎo cíhuì New words

1. 酒家	jiǔjiā	restaurant
2. 能否	néngfǒu	whether (or not)
3. 抱歉	bàoqiàn	to be sorry; to feel apologetic

学汉字 Xué Hànzì Learn Chinese characters

1. **认写汉字** Rèn xiě Hànzì **Read and write Chinese characters.**

Example	Pinyin	Write Chinese Characters						
访	fǎng							
贷	dài							
款	kuǎn							
奖	jiǎng							
谈	tán							
聊	liáo							

Example	Pinyin	Write Chinese Characters						
遍	biàn							
安	ān							
排	pái							

2. 汉字部件 Hànzì bùjiàn **Character components**

彳(双人旁，shuāngrénpáng—the "double-standing-person" radical): 行，很

⻗(雨字头，yǔzìtóu—the "rain" top radical): 雪(xuě)，雾(wù)，雷(léi)

Xuéxí bǐjì 学习笔记 Notes

问题和困难 Wèntí hé kùnnan
Questions and difficulties:

Notes Xuéxí bǐjì 学习笔记

Rìqī
日期: 年 月 日
Date

最想学的新词语 Zuì xiǎng xué de xīn cíyǔ
New words I want to learn:

Dì-sānshíqī Kè Xīnnián Zhāodàihuì

第三十七课 新年招待会
Lesson 37 New Year's Reception

课文一 Kèwén yī Text one

田处长： 喂，是林主任吧？我是老田。
Tián chùzhǎng: Wèi, shì Lín zhǔrèn ba? Wǒ shì Lǎo Tián.

林主任： 我是老林。你好，田处长。
Lín zhǔrèn: Wǒ shì Lǎo Lín. Nǐ hǎo, Tián chùzhǎng.

田处长： 我收到了你们的请柬。
Tián chùzhǎng: Wǒ shōudàole nǐmen de qǐngjiǎn.
可是很抱歉，我去不了，
Kěshì hěn bàoqiàn, wǒ qù bu liǎo,
因为要出国访问。
yīnwèi yào chūguó fǎngwèn.

林主任： 很遗憾。你能不能派别人参加？
Lín zhǔrèn: Hěn yíhàn. Nǐ néng bu néng pài biérén cānjiā?

田处长： 我让钱副处长去怎么样？
Tián chùzhǎng: Wǒ ràng Qián fù chùzhǎng qù zěnmeyàng?

林主任： 太好了！我认识他。
Lín zhǔrèn: Tài hǎo le! Wǒ rènshi tā.

田处长： 祝你们的新年招待会成功！
Tián chùzhǎng: Zhù nǐmen de xīnnián zhāodàihuì chénggōng!

参考词汇 Cānkǎo cíhuì New words

1.	新年	xīnnián	New Year
2.	招待会	zhāodàihuì	reception
3.	请柬	qǐngjiǎn	invitation card
	邀请信	yāoqǐngxìn	letter of invitation
4.	抱歉	bàoqiàn	to be sorry; to feel apologetic
5.	出国	chūguó	to go abroad
6.	遗憾	yíhàn	regret, pity

7. 派	pài	to send, to assign
8. 出席	chūxí	to attend; to be present

课文二 Kèwén èr Text two

张先生请马克把招待会的请柬翻译成英文，并邀请马克和他夫人参加这个招待会。招待会举办的时间是十二月二十八号，地点在花园饭店。但能不能参加，马克还定不下来，因为他要帮助接待一个代表团。所以马克告诉张先生，过两天再打电话回复。

Zhāng xiānsheng qǐng Mǎkè bǎ zhāodàihuì de qǐngjiǎn fānyì chéng Yīngwén, bìng yāoqǐng Mǎkè hé tā fūren cānjiā zhè ge zhāodāihuì. Zhāodàihuì jǔbàn de shíjiān shì shí'èryuè èrshíbā hào, dìdiǎn zài Huāyuán Fàndiàn. Dàn néng bu néng cānjiā, Mǎkè hái dìng bu xiàlái, yīnwèi tā yào bāngzhù jiēdài yí gè dàibiǎotuán. Suǒyǐ Mǎkè gàosu Zhāng xiānsheng, guò liǎng tiān zài dǎ diànhuà huífù.

参考词汇 Cānkǎo cíhuì New words

1. 举办	jǔbàn	to conduct, to hold, to run
举行	jǔxíng	to hold (a meeting, ceremony, etc.)
2. 定不下来	dìng bu xià lái	can't decide now
3. 接待	jiēdài	to receive
4. 代表团	dàibiǎotuán	delegation, mission, deputation
代表	dàibiǎo	on behalf of; in the name of; deputy; delegate representative; to represent
5. 过两天	guò liǎng tiān	in several days; several days later
6. 回复	huífù	to reply; RSVP

注　释 Zhùshì Notes

1. **很抱歉。** Hěn bàoqiàn. **I'm sorry.**

This is used to express an apology or a regret. There are also other similar expressions in Chinese. For example:

① 对不起。　② 不好意思。

2. **去不了。** Qù bu liǎo. **(I) can't make it**

(See the note about potential complement in Lesson 24.)

3. **把招待会的请柬翻译成英文。** Bǎ zhāodàihuì de qǐngjiǎn fānyì chéng Yīngwén.

Translate the invitation card into English.

(See the note about 把-sentence in Lesson 23.)

4. **定不下来。** Dìng bu xiàlái. **(This matter) can't be decided now.**

(See the note about complement of direction in Lesson 26.)

拓展练习 Tuòzhǎn liànxí Develop skills

1. **听读** tīng dú **Listening and reading**

第一组:

有点儿遗憾　　很遗憾　　非常遗憾　　特别遗憾

第二组:

发请柬　　发出请柬　　收到请柬

第三组:

举办　　举办招待会　　举办音乐会(yīnyuèhuì—concert)

举办奥运会(Āoyùnhuì—Olympic Games)

举办展览会(zhánlǎnhuì—exhibition)

第四组:

举行　　举行招待会　　举行新闻发布会

举行宴会(yànhuì—banquet)

举行罢工(bàgōng—strike)

举行游行(yóuxíng—march, demonstration)

举行欢迎仪式(huānyíng yíshì—welcoming ceremony)

第五组:

把法语翻译成了阿拉伯语

把"午"写成了"牛"

把"ji"听成了"qi"

把"snack"拼(pīn—to spell)成了"sneak"

把明天的机票改(gǎi—to change)成后天的了

把"九点"听成"酒店"了

把小林当成小黄了

2. **替换练习** Tìhuàn liànxí **Pattern drills**

(1) 派她参加招待会。

让　　会议

请　　新闻发布会

(2) 很抱歉，<u>不能参加你的婚礼</u>。

忘了给你回电话/现在没钱借给你

没能去火车站接你/没来得及提前告诉你

(3) 很遗憾，<u>不能参加你的婚礼</u>。

没能见到你

没吃到北京烤鸭

没去海边(hǎibiān—seashore)玩玩

没去长城(Chángchéng—the Great Wall)看看

(4) 您是<u>李经理</u>吧？

张局长/牛老师

马先生/林小姐

(5) 他们要举行<u>婚礼</u>。

招待会/研讨会/宴会

开幕式/闭幕式/毕业典礼

(6) 我们准备举办<u>文化讲座</u>。

运动会/非洲电影节

汽车展览会/时装节(shízhuāngjié—fashion festival)

中国食品节(shípǐnjié—food festival)

3. 完成句子 Wánchéng jùzi **Complete the following sentences.**

(1) ＿＿＿＿＿＿，很抱歉。

(2) 他让我去别的公司工作，但＿＿＿＿＿＿

(3) ＿＿＿＿＿＿，现在还定不下来。

(4) 还不知道聚会的时间，请＿＿＿＿＿＿

(5) ＿＿＿＿＿＿，有点遗憾。

(6) 应该把英语翻译成汉语，因为＿＿＿＿＿＿

(7) 黄局长的秘书回电话说，__________

(8) 如果不能出席，请__________

(9) 春节快到了，我们__________

(10) __________，过几天我再告诉你。

4. 看图说话 Kàn tú shuōhuà **Describe the pictures in Chinese.**

请 柬

________先生：

我公司谨定于2012年6月30日在亚非大酒店二层会议厅举行招待酒会，敬请光临！

此致

敬礼

华荣国际贸易公司

2012年6月22日

Tips: Talk about the content of this invitation.

5. 复习课文 Fùxí kèwén **Review this lesson's texts.**

(1) Write a short paragraph based on the topics of this lesson and share it with your classmates.
(2) Ask each other questions based on the texts.
(3) Express the main contents/ideas of each text in your own words.

6. 交际练习 Jiāojì liànxí **Communication exercises**

(1) Invite orally your friend to attend your wedding.

(2) You plan to invite Mr. Zhang, a general director of a company, to be present at the opening ceremony of the Environment Protection Week.

Prepare an invitation card for Mr. Zhang, and then report to your superior what you will do to follow up (for instance, informing Mr. Zhang's secretary about it; sending the invitation...).

(3) Translate one English invitation card into Chinese.

学汉字 Xué Hànzì Learn Chinese characters

1. 认写汉字 Rèn xiě Hànzì **Read and write Chinese characters.**

Example	Pinyin	Write Chinese Characters						
抱	bào							
歉	qiàn							
遗	yí							
憾	hàn							
派	pài							
副	fù							
定	dìng							
举	jǔ							
闻	wén							
布	bù							
招	zhāo							
待	dài							

Example	Pinyin	Write Chinese Characters						
代	dài							
表	biǎo							
团	tuán							
接	jiē							
成	chéng							
功	gōng							

2. **汉字部件** (Hànzì bùjiàn) **Character components**

𧾷(足字旁，zúzìpáng—the "foot" radical): 路，跑(pǎo)，跳(tiào)

附 Fù Reference materials

请柬样本 Qǐngjiǎn yàngběn **A sample of invitation card**

请　　柬

__________先生 / 女士：

谨定于 2012 年 12 月 28 日（星期五）18 点 30 分在花园饭店举行新年招待会。

敬请光临！

（请赐复：87654321，王小姐）

×× 律师协会

2012 年 12 月 18 日

参考词汇 Cānkǎo cíhuì New words

1. 谨定于	jǐn dìng yú	be scheduled to
谨	jǐn	solemnly, sincerely
定	dìng	to decide, to fix
于	yú	(indicating time or place) at, in, on
2. 敬请光临	jìng qǐng guānglín	Your presence is cordially requested
敬请	jìng qǐng	to invite respectfully
光临	guānglín	(of a guest or visitor) to honour sb. with one's presence
3. 请赐复	qǐng cìfù	please give reply; RSVP
4. 协会	xiéhuì	association

Notes Xuéxí bǐjì 学习笔记

日期（Rìqī Date）：＿＿年＿＿月＿＿日

问题和困难 Wèntí hé kùnnan
Questions and difficulties:

Xuéxí bǐjì
学习笔记 Notes

最想学的新词语 Zuì xiǎng xué de xīn cíyǔ
New words I want to learn:

Dì-sānshíbā Kè　Zhù Nǐmen Fǎngwèn Chénggōng!

第三十八课 祝你们访问成功!

Lesson 38 I wish your visit to be a success!

课文一 Kèwén yī Text one

（在欢迎会上，王校长致欢迎辞。）

尊敬的史密斯先生，女士们、先生们：

大家好!

你们来我校访问，我们感到非常荣幸，我代表学校向你们表示热烈欢迎。

我们将一起研讨学校管理、商讨合作项目、签署有关协议。我相信，这次访问一定会增进我们的友谊和了解，加强我们的交流与合作。

祝你们访问成功!

现在我提议，为我们的友谊与合作干杯!

(Zài huānyínghuì shang, Wáng xiàozhǎng zhì huānyíngcí.)

Zūnjìng de Shǐmìsī xiānsheng, nǚshìmen, xiānshengmen:

Dàjiā hǎo!

Nǐmen lái wǒ xiào fǎngwèn, wǒmen gǎndào fēicháng róngxìng, wǒ dàibiǎo xuéxiào xiàng nǐmen biǎoshì rèliè huānyíng.

Wǒmen jiāng yìqǐ yántǎo xuéxiào guǎnlǐ, shāngtǎo hézuò xiàngmù, qiānshǔ yǒuguān xiéyì. Wǒ xiāngxìn, zhè cì fǎngwèn yídìng huì zēngjìn wǒmen de yǒuyì hé liǎojiě, jiāqiáng wǒmen de jiāoliú yǔ hézuò.

Zhù nǐmen fǎngwèn chénggōng!

Xiànzài wǒ tíyì, wèi wǒmen de yǒuyì yǔ hézuò gānbēi!

参考词汇 Cānkǎo cíhuì New words

1. 欢迎会	huānyínghuì	welcome meeting/ceremony
欢迎仪式	huānyíng yíshì	welcome ceremony
2. 校长	xiàozhǎng	principal, president (of a university or college, etc.), headmaster (of a middle or primary school)
3. 致欢迎辞	zhì huānyíngcí	to deliver a welcoming speech
致辞	zhì cí	speech
4. 尊敬	zūnjìng	respect, honour; to respect, to honour
来宾	láibīn	guest, visitor
5. 荣幸	róngxìng	greatly honoured
6. 将	jiāng	to be going to; to be about to; will
7. 研讨	yántǎo	to study and discuss
商讨	shāngtǎo	to confer, to discuss
8. 管理	guǎnlǐ	management; to manage, to run, to govern
9. 项目	xiàngmù	project, item
10. 签署	qiānshǔ	to sign
11. 协议	xiéyì	agreement
12. 相信	xiāngxìn	to believe
13. 一定	yídìng	certainly, surely
14. 增进	zēngjìn	to enhance, to improve
15. 友谊	yǒuyì	friendship
16. 加强	jiāqiáng	to strengthen
17. 交流	jiāoliú	to communicate; communication
18. 与	yǔ	and; with
19. 提议	tíyì	to propose; proposal, motion
建议	jiànyì	proposal, suggestion; to propose, to suggest
20. 为……干杯	wèi...gānbēi	toast to
干杯！	gānbēi！	Cheers!

课文二 Kèwén èr Text two

（在欢迎会上，史密斯先生致答谢辞。）

尊敬的王校长，女士们、先生们：

大家晚上好。

很高兴访问贵校，这是我们第一次访问贵校，这对我们双方的交流与合作都是难得的机会。我们将与中国同行商讨合作项目、签署有关协议。我相信，在三天的访问中，我们会取得丰硕的成果。

感谢贵校的盛情邀请和款待。干杯！

(Zài huānyínghuì shang, Shǐmìsī xiānsheng zhì dáxiècí.)

Zūnjìng de Wáng xiàozhǎng, nǚshìmen, xiānshengmen:

Dàjiā wǎnshang hǎo.

Hěn gāoxìng fǎngwèn guì xiào, zhè shì wǒmen dì-yī cì fǎngwèn guì xiào, zhè duì wǒmen shuāngfāng de jiāoliú yǔ hézuò dōu shì nándé de jīhuì. Wǒmen jiāng yǔ Zhōngguó tóngháng shāngtǎo hézuò xiàngmù, qiānshǔ yǒuguān xiéyì. Wǒ xiāngxìn, zài sān tiān de fǎngwèn zhōng, wǒmen huì qǔdé fēngshuò de chéngguǒ。

Gǎnxiè guì xiào de shèngqíng yāoqǐng hé kuǎndài. Gānbēi!

参考词汇 Cānkǎo cíhuì New words

1. 答谢辞	dáxiècí	speech of thanks
2. 贵校	guì xiào	(polite) your school/university
贵国	guì guó	(polite) your country
3. 对	duì	to; with regard to; concerning
4. 双方	shuāngfāng	both sides; the two parties
5. 难得	nándé	rare
6. 机会	jīhuì	opportunity, chance
7. 取得	qǔdé	to gain, to acquire, to obtain
8. 丰硕	fēngshuò	plentiful and substantial; rich
9. 成果	chéngguǒ	achievement, fruit, gain; positive result
10. 感谢	gǎnxiè	to thank; to be grateful
11. 盛情	shèngqíng	great kindness; boundless hospitality
12. 款待	kuǎndài	to treat cordially; to entertain; hospitality

注 释 Zhùshì Notes

加强我们的交流与合作。 Jiāqiáng wǒmen de jiāoliú yǔ hézuò.

promote exchange and cooperation between us

与, 和 and 跟 as conjunctions, are usually used to join a noun, a noun phrase, a pronoun or a pronoun phrase. 与 is often used in written and formal occasions.

和 and 跟 may also be used as preposition.

拓展练习 Tuòzhǎn liànxí Develop skills

1. **听读** Tīng dú **Listening and reading**

第一组:

代表　　代表团　　经贸(jīngmào—economy and trade)代表团

教育(jiàoyù—education)代表团

政府(zhèngfǔ—government)代表团

第二组:

访问　访问中国　访问两个国家

参观(cānguān—to visit/have a look around)

参观图书馆(túshūguǎn—library)

参观展览

第三组:

安排活动　安排聚会　安排晚宴　安排活动日程

活动安排　会议安排　日程安排

第四组:

感谢贵校　感谢贵国　感谢贵方　感谢贵公司

感谢邀请　感谢款待　感谢你热情的讲话

第五组:

研讨问题　研讨经济问题

研讨文化问题　研讨军事(jūnshì—military)问题

研讨会　经济问题研讨会　文化问题研讨会　军事问题研讨会

第六组:

签署协议书　签署合同书

签署备忘录(bèiwànglù—memorandum/memo)

在协议书上签字　在合同上签字　在备忘录上签字

在这份文件上签字　在账单上签字

第七组:

款待　款待贵宾　盛情款待

接待　接待来宾　热情接待

招待　招待客人　热情招待

招待会　记者招待会　国庆招待会

新年招待会　春节招待会

迎接客人　迎接代表团　迎接新年　热情迎接

第八组:

增进了解　增进友谊　增进信任(xìnrèn—trust)

2. 替换练习 Tìhuàn liànxí **Pattern drills**

(1) 我代表<u>学校</u>向<u>你们</u>表示热烈欢迎!

我们公司　大家

环保局　代表团

教育部(jiàoyùbù—Ministry of Education)　各位教师代表

(2) 欢迎<u>大家</u>来<u>我校</u>参观、访问。

各位　我厂(chǎng—factory)

代表团　　我省(shěng—province)

各位代表　　我市(shì—city)

(3) 欢迎朋友们参加我的生日聚会。

我的婚礼/这个活动(huódòng—activity/event)

开幕式(kāimùshì—opening ceremony)

闭幕式(bìmùshì—closing ceremony)

毕业典礼(bìyè diǎnlǐ—graduation ceremony)

(4) 感谢你们的邀请。

多谢　　帮助

谢谢　　支持(zhīchí—support)

(5) 为我们的友谊干杯！

我们的成功合作

我们取得的丰硕成果

各位的身体健康

(6) 我向大家表示欢迎。

祝贺/慰问(wèiwèn—sympathy/solicitude)

歉意(qiànyì—apology/regret)

3. 完成句子 Wánchéng jùzi **Complete the following sentences.**

(1) 我们为大家安排了不少活动，这些活动有

(2) ，向代表团表示欢迎。

(3) 这个机会对我很重要，因为

(4) 我相信，我们双方

(5) 这个合作项目对双方

(6) 这次访问将

(7) 感谢你们的邀请和款待，下一次

(8) 我很高兴，因为

(9) 我祝大家

(10) 女士们、先生们，现在我提议

4. 看图说话 Kàn tú shuōhuà **Describe the pictures in Chinese.**

Tips: Welcome

5. 复习课文 Fùxí kèwén **Review this lesson's texts.**

(1) Write a short paragraph based on the topics of this lesson and share it with your classmates.
(2) Ask each other questions based on the texts.
(3) Express the main contents/ideas of each text in your own words.

6. 交际练习 Jiāojì liànxí **Communication exercises**

(1) In pairs, write a welcoming speech and a speech of thanks for different occasions. Then present them to your classmates.

(2) A new colleague joins the work group that you are in charge of. Please make a short welcoming speech for him/her.

(3) Write an e-mail to your friend to thank him/her for the welcoming dinner party.

学汉字 Xué Hànzì Learn Chinese characters

1. 认写汉字 Rèn xiě Hànzì **Read and write Chinese characters.**

Example	Pinyin	Write Chinese Characters
辞	cí	
尊	zūn	
敬	jìng	
荣	róng	
幸	xìng	
干	gān	
杯	bēi	
热	rè	
烈	liè	
增	zēng	
强	qiáng	
将	jiāng	

Example	Pinyin	Write Chinese Characters						
项	xiàng							
目	mù							
邀	yāo							

2. **汉字部件** Hànzì bùjiàn **Character components**

饣(食字旁，shízìpáng—the "food" radical): 饭，馆，饮(yǐn)

Xuéxí bǐjì
学习笔记 Notes

Rìqī
日期：　　年　　月　　日
Date

问题和困难 Wèntí hé kùnnan
Questions and difficulties:

Notes Xuéxí bǐjì
学习笔记

最想学的新词语 Zuì xiǎng xué de xīn cíyǔ
New words I want to learn:

Dì-sānshíjiǔ Kè Yílù-Píng'ān!

第三十九课 一路平安!

Lesson 39 Bon voyage!

课文一 Kèwén yī Text one

（在欢送会上，纳卡先生致辞。）

尊敬的张先生，各位来宾：

大家好。

中国技术小组在这里的访问就要结束了，明天你们将回国。访问期间，我们进行了友好的、富有成效的会谈，签订了合作协议。我们为双方取得的成果感到高兴。在这里我向大家表示祝贺。我深信，我们的交流与合作会更加广泛与深入。在你们即将离开之际，我祝你们一路平安！

(Zài huānsònghuì shang, Nàkǎ xiānsheng zhì cí.)

Zūnjìng de Zhāng xiānsheng, gè wèi láibīn:

Dàjiā hǎo.

Zhōngguó jìshù xiǎozǔ zài zhèlǐ de fǎngwèn jiù yào jiéshù le, míngtiān nǐmen jiāng huíguó. Fǎngwèn qījiān, wǒmen jìnxíngle yǒuhǎo de, fùyǒu chéngxiào de huìtán, qiāndìngle hézuò xiéyì. Wǒmen wèi shuāngfāng qǔdé de chéngguǒ gǎndào gāoxìng. Zài zhèlǐ wǒ xiàng dàjiā biǎoshì zhùhè. Wǒ shēn xìn, wǒmen de jiāoliú yǔ hézuò huì gèngjiā guǎngfàn yǔ shēnrù. Zài nǐmen jíjiāng líkāi zhījì, wǒ zhù nǐmen yílù-píng'ān!

参考词汇 Cānkǎo cíhuì New words

1.	一路平安!	yílù-píng'ān!	Bon voyage!
2.	欢送会	huānsònghuì	farewell meeting
	欢送仪式	huānsòng yíshì	seeing-off ceremony
	欢送	huānsòng	see off; send off
	送别	sòngbié	see sb. off

3. 技术	jìshù	technology
4. 小组	xiǎozǔ	group
5. 期间	qījiān	period, during (the time), course
6. 进行	jìnxíng	to be in progress; to be underway; to go on; to carry out
7. 友好	yǒuhǎo	friendly
8. 富有成效	fùyǒu chéngxiào	fruitful
9. 会谈	huìtán	talks, conversation
10. 签订	qiāndìng	to conclude and sign (a contract, etc.)
11. 为	wèi	for, to; because of
12. 深信	shēn xìn	to be deeply convinced; to firmly believe
13. 更加	gèngjiā	more, still more; even more
14. 广泛	guǎngfàn	broad, extensive, wide-ranging, wide-spread
15. 深入	shēnrù	deep-going, in-depth
16. 即将	jíjiāng	be about to; soon
17. 离开之际	líkāi zhījì	at the time of parting/leaving

课文二 Kèwén èr Text two

（在欢送会上，张先生致告别辞。）

尊敬的纳卡先生，女士们、先生们：

大家好。

首先我要感谢纳卡先生热情和真诚的讲话。

今天我们怀着惜别的心情向你们告别。我们的访问虽然时间不长，但取得了很多成果，为我们今后的交流与合作奠定了基础，我们为此感到欣慰。

访问期间我们得到了贵方的友好接待和大力协助。在此，我代表我们小组，向你们表示感谢！同时，也期待你们明年去中国访问。谢谢！

(Zài huānsònghuì shang, Zhāng xiānsheng zhì gàobiécí.)

Zūnjìng de Nàkǎ xiānsheng，nǚshìmen, xiānshengmen:

Dàjiā hǎo.

Shǒuxiān wǒ yào gǎnxiè Nàkǎ xiānsheng rèqíng hé zhēnchéng de jiǎnghuà.

Jīntiān wǒmen huáizhe xībié de xīnqíng xiàng nǐmen gàobié. Wǒmen de fǎngwèn suīrán shíjiān bù cháng, dàn qǔdéle hěn duō chéngguǒ, wèi wǒmen jīnhòu de jiāoliú yǔ hézuò diàndìngle jīchǔ, wǒmen wèicǐ gǎndào xīnwèi.

Fǎngwèn qījiān wǒmen dédàole guì fāng de yǒuhǎo jiēdài hé dàlì xiézhù. Zài cǐ, wǒ dàibiǎo wǒmen xiǎozǔ, xiàng nǐmen biǎoshì gǎnxiè! Tóngshí, yě qīdài nǐmen míng nián qù Zhōngguó fǎngwèn. Xièxie!

参考词汇 Cānkǎo cíhuì New words

1.	首先	shǒuxiān	first; in the first place
2.	热情	rèqíng	warm; warmly
3.	真诚	zhēnchéng	sincere, true, genuine
4.	怀着	huáizhe	to keep in mind; to cherish
5.	惜别	xībié	to be reluctant to part
6.	奠定基础	diàndìng jīchǔ	to lay a foundation
	奠定	diàndìng	to establish, to settle
	基础	jīchǔ	foundation, base, basis
7.	此	cǐ	this, here
8.	欣慰	xīnwèi	to be gratified
9.	贵方	guì fāng	(polite) your side/party
10.	大力	dàlì	energetic, vigorous; energetically, vigorously
11.	协助	xiézhù	to assist, to help; assistance, help
12.	期待	qīdài	to expect; to look forward to

注 释 Zhùshì Notes

1. **我们进行了友好的、富有成效的会谈。**
Wǒmen jìnxíngle yóuhǎo de, fùyǒu chéngxiào de huìtán.
We had friendly and fruitful talks.

2. **在此，向你们表示感谢！** Zài cǐ, xiàng nǐmen biǎoshì gǎnxiè!
I, hereby, would like to thank you all.

拓展练习 Tuòzhǎn liànxí Develop skills

1. **听读** Tīng dú **Listening and Reading**

第一组：

送别　送行
告别　告辞(gàocí—to take leave)

第二组：

帮助　协助/相信　深信/会谈　谈判(tánpàn—to negotiate/negotiation)
高兴　欣慰/热烈　热情/平安　安全

第三组：

访问期间　会议期间　休假期间
在访问期间　在会议期间　在休假期间

第四组：

大力帮助　大力协助　大力支持　有力支持

第五组:

高兴的心情　愉快的心情　快乐的心情

悲伤(bēishāng—sad)的心情

第六组:

请留步[qǐng liú bù—don't bother to see me off; don't bother to come any further (said by the departing guest to the host)]

慢走[màn zǒu—goodbye, take care (said by the host to the departing guest)]

2. 替换练习 Tìhuànliànxí **Pattern drills**

(1) 会谈就要开始了。

会议/开幕式/招待会

假期/这学期/演出(yǎnchū—performance/show)

(2) 这次访问为今后的合作奠定了基础。

双方的交流　　下一次会谈

将来的合作　　以后的成功

(3) 我为你们成功的合作感到高兴。

他考上大学/公司取得的成绩(chéngjì—achievement)

他们通过这次考试/她顺利(shùnlì—smoothly)毕业

(4) 时间不早了，我该走了。

先走/得马上回办公室

回去/告辞

(5) 我们得到了你们的大力支持。

大力帮助/有效协助/多方面帮助

热情接待/盛情款待

3. 完成句子 Wánchéng jùzi **Complete the following sentences.**

(1) 虽然访问的时间不长，但______

(2) 虽然天气不好，但他还是______

(3) 虽然______，但我们应该邀请她。

(4) 虽然______，但他还是去了。

(5) 他虽然年龄不大，但（他）______

(6) 我代表________，感谢________

(7) 我代表________，向大家表示________

(8) 在此，我代表________，祝你们________

(9) 我相信________

(10) 会谈中，双方商讨了________

4. 看图说话 Kàn tú shuōhuà **Describe the pictures in Chinese.**

Tips: See ... off

5. 复习课文 Fùxí kèwén **Review this lesson's texts.**

(1) Write a short paragraph based on the topics of this lesson and share it with your classmates.
(2) Ask each other questions based on the texts.
(3) Express the main contents/ideas of each text in your own words.

6. 交际练习 Jiāojì liànxí **Communication exercises**

(1) In pairs, write two farewell speeches for different occasions. Then present them to your classmates.
(2) You will leave the group you worked with. Please make a short farewell speech.
(3) Write an e-mail to your friend to thank him/her for the farewell dinner party.
(4) Say something to the host/hostess and others when you are about to take leave by the end of a party.
(5) Prepare a presentation on relevant topic in advance, and present it in your learning group.

学汉字 Xué Hànzì Learn Chinese characters

1. 认写汉字 Rèn xiě Hànzì **Read and write Chinese characters.**

Example	Pinyin	Write Chinese Characters						
技	jì							
术	shù							
组	zǔ							
效	xiào							
协	xié							
深	shēn							
入	rù							
示	shì							
力	lì							
富	fù							
惜	xī							
基	jī							

Example	Pinyin	Write Chinese Characters						
础	chǔ							
此	cǐ							

2. 汉字部件 Hànzì bùjiàn Character components

⺌ (小字头，xiǎozìtóu—the "small" top radical): 尝，常，党(dǎng—party)

亠 (京字头，jīngzìtóu—the "capital" top radical): 京，六

Xuéxí bǐjì
学习笔记 Notes

Rìqī
日期：＿＿年＿＿月＿＿日
Date

问题和困难 Wèntí hé kùnnan
Questions and difficulties:

Notes Xuéxí bǐjì 学习笔记

最想学的新词语 Zuì xiǎng xué de xīn cíyǔ
Other new words I want to learn:

Dì-sìshí Kè Jí Yòng Xiān Xué

第四十课 急用先学

Lesson 40 Useful expressions

一、打招呼／寒暄 Dǎ zhāohu/Hánxuān **Greetings**

1. 你好!	Nǐ hǎo!	Hello!/How do you do!
2. 欢迎，欢迎!	Huānyíng, huānyíng!	Welcome!
3. 认识你很高兴。	Rènshi nǐ hěn gāoxìng.	Nice to meet/know you.
4. A: 你好吗?	Nǐ hǎo ma?	How are you?
B: 我很好，你呢?	Wǒ hěn hǎo, nǐ ne?	I'm fine, and you?
A: 我也很好。	Wǒ yě hěn hǎo.	I'm fine, too.

二、介绍 Jièshào **Introduction**

1. 我叫戴维。	Wǒ jiào Dàiwéi.	My name is David.
2. 这是我夫人。	Zhè shì wǒ fūren.	This is my wife.
3. 他是中国人。	Tā shì Zhōngguórén.	He is Chinese.
4. 这是我的护照。	Zhè shì wǒ de hùzhào.	This is my passport.

三、感谢 Gǎnxiè **Thanks**

A: 谢谢!	Xièxie!	Thanks! /Thank you!
B: 不客气。	Bú kèqi.	You are welcome. /It's my pleasure.

四、询问／请求 Xúnwèn/Qǐngqiú **Enquiries/Requests**

1. 您贵姓?	Nín guì xìng?	May I know your surname?
2. 你叫什么名字?	Nǐ jiào shénme míngzi?	What's your name?
3. 你是哪国人?	Nǐ shì nǎ guó rén?	Where are you from? What's your nationality?
4. 请问，去花园饭店怎么走?	Qǐng wèn, qù Huāyuán Fàndiàn zěnme zǒu?	Excuse me, how can I go to Huayuan Restaurant?
5. 多少钱?	Duōshao qián?	How much (money is it)?
6. 能用一下儿你的手机吗?	Néng yòng yíxiàr nǐ de shǒujī ma?	May I use your mobile phone?
7. 可以告诉我你的邮箱地址吗?	Kěyǐ gàosu wǒ nǐ de yóuxiāng dìzhǐ ma?	Could you tell me your e-mail address?
8. 请给我打电话。	Qǐng gěi wǒ dǎ diànhuà.	Please call me.
9. 可以用美元吗?	Kěyǐ yòng Měiyuán ma?	Can I pay in US dollars?

五、愿望／打算 Yuànwàng/Dǎsuan **Wishes/Plans**

1. 我想学汉语。	Wǒ xiǎng xué Hànyǔ.	I want to learn Chinese.
2. 我想找一位中文老师。	Wǒ xiǎng zhǎo yí wèi Zhōngwén lǎoshī.	I want to find a Chinese teacher.
3. 我打算去中国旅游。	Wǒ dǎsuan qù Zhōngguó lǚyóu.	I plan to go to China for travel.
4. 我坐出租车去机场。	Wǒ zuò chūzūchē qù jīchǎng.	I go to the airport by taxi.

六、劝告／提醒 Quàngào/Tíxǐng **Advice/Reminding**

1. 最好先打个电话。	Zuì hǎo xiān dǎ ge diànhuà.	It's better to make a phone call first.
2. 你应该去医院看看。	Nǐ yīnggāi qù yīyuàn kànkan.	You ought to see a doctor.
2. 别忘了带护照。	Bié wàngle dài hùzhào.	Don't forget to bring the passport.
4. 别忘了给签证办延期。	Bié wàngle gěi qiānzhèng bàn yánqī.	Remember to renew your visa.
5. 请八点到这儿。	Qǐng bā diǎn dào zhèr.	Please be here at eight.
6. 你不要去那儿。	Nǐ bú yào qù nàr.	Don't go there.
7. 没时间了，快点儿吧！	Méi shíjiān le, kuàidiánr ba!	Time is up. Hurry up!
8. 我不吃猪肉。	Wǒ bù chī zhūròu.	I don't eat pork.

七、邀请／约请 Yāoqǐng/Yuēqǐng **Invitations/Appointments**

1. 请你来我的办公室。	Qǐng nǐ lái wǒ de bàngōngshì.	Please come to my office.
2. 我想请你一起吃饭。	Wǒ xiǎng qǐng nǐ yìqǐ chīfàn.	I'd like to invite you to dinner.
3. 星期六见个面，好吗？	Xīngqīliù jiàn ge miàn, hǎo ma?	Let's meet on Saturday, OK?
4. 明天下午三点我在那儿等你。	Míngtiān xiàwǔ sān diǎn wǒ zài nàr děng nǐ.	I will wait for you there at three tomorrow afternoon.

八、祝贺／祝愿 Zhùhè/Zhùyuàn **Congratulations/Wishes**

1. 祝你生日快乐！	Zhù nǐ shēngrì kuàilè!	Happy Birthday!
2. 春节快乐！	Chūnjié kuàilè!	Happy Chinese New Year!
3. 圣诞快乐！	Shèngdàn kuàilè!	Marry Christmas!
4. 新年快乐！	Xīnnián kuàilè!	Happy New year!
5. 恭喜恭喜！	Gōngxǐ gōngxǐ!	Congratulations!
6. 祝你全家幸福！	Zhù nǐ quán jiā xìngfú!	Wish your family all the best!

7. 万事如意！	Wànshì-rúyì!	Wish you all the best!
8. 祝你身体健康！	Zhù nǐ shēntǐ jiànkāng!	Wish you the best of health!

九、告别／送别 Gàobié/Sòngbié **Farewell/Seeing-off**

1. 时间不早了，我得走了。谢谢你们的款待。	Shíjiān bù zǎo le, wǒ děi zǒu le. Xièxiè nǐmen de kuǎndài.	It's getting late. I must go now. Thank you for your hospitality.
2. 我走了，再见吧。	Wǒ zǒu le，zàijiàn ba.	I have to go. Hope to see you soon.
3. 请留步。	Qǐng liúbù.	Don't bother to see me out.
4. 别送了。请回吧。	Bié sòng le. Qǐng huí ba.	Don't bother to see me out.
5. 再见。慢走。	Zàijiàn. Màn zǒu.	Goodbye/take care.
6. 请问你夫人好。	Qǐng wèn nǐ fūren hǎo.	Please give my regards to your wife.
7. 一路平安！	Yílù-píng'ān!	Bon voyage!

十、道歉／原谅 Dàoqiàn/Yuánliàng **Apologies**

1. A: 对不起，我来晚了。	Duìbuqǐ, wǒ láiwǎn le.	—Sorry, I am late.
B: 没关系。	Méi guānxi.	—It doesn't matter./Never mind.
2. 不好意思，让你久等了。	Bù hǎo yìsi, ràng nǐ jiǔ děng le.	Sorry to keep you waiting.

十一、同意／不同意 Tóngyì/Bù tóngyì **Agreement/Disagreement**

1. 没问题。	Méi wèntí.	No problem.
2. 好，我同意。	Hǎo, wǒ tóngyì.	OK, I agree.
3. 可以。就这样吧。	Keyǐ. Jiù zhèyàng ba.	OK, it is fine./OK. Just let it be./All right.
4. 我觉得这样不行。	Wǒ juéde zhèyàng bù xíng.	I don't think it's a good way./ I don't think it's OK.
5. 对不起，我不同意你的建议。	Duìbuqǐ, wǒ bù tóngyì nǐ de jiànyì.	Sorry, I don't agree with you./ Sorry, I don't agree with your proposal.

十二、谢绝／拒绝 Xièjué/Jùjué **Decline/Refusal**

1. 谢谢你的邀请，但我恐怕去不了。	Xièxie nǐ de yāoqǐng, dàn wǒ kǒngpà qù bu liǎo.	Thank you for the invitation, but I'm afraid I can't make it.
2. 对不起，最近很忙，以后再说吧。	Duìbuqǐ, zuìjìn hěn máng, yǐhòu zài shuō ba.	Sorry, I am busy recently. Let's handle it later.
3. 我不能接受你的礼物。	Wǒ bù néng jiēshòu nǐ de lǐwù.	I can't accept your gift.

4. 我不愿意见他。	Wǒ bú yuànyì jiàn tā.	I don't want to see him.

十三、建议 / 意见 Jiànyì/Yìjiàn **Suggestions/Opinions**

1. 明天去吃中餐，怎么样？	Míngtiān qù chī Zhōngcān, zěnmeyàng?	How about having Chinese meal tomorrow?
2. 让他马上回来。	Ràng tā mǎshàng huílái.	Ask him to come back at once.
3. 今天不行，明天吧。	Jīntiān bù xíng, míngtiān ba.	Today is not OK, what about tomorrow?/ Not today, tomorrow.
4. 让我想想。	Ràng wǒ xiǎngxiang.	Let me see.

十四、通知 / 留言 Tōngzhī/Liúyán **Informing/Leaving a message**

1. 请十点到会议室开会。	Qǐng shí diǎn dào huìyìshì kāihuì.	Please go to the boardroom for a meeting at ten.
2. 下午去机场接人。	Xiàwǔ qù jīchǎng jiē rén.	Go to the airport to meet (or pick up/ welcome) someone this afternoon.
3. 周末的聚会取消。	Zhōumò de jùhuì qǔxiāo.	The party at weekend has been cancelled.
4. 请尽快和我联系。	Qǐng jǐnkuài hé wǒ liánxì.	Please contact me as soon as possible.
5. 请让他给我回电话。	Qǐng ràng tā gěi wǒ huí diànhuà.	Please ask him to call me back.
6. 我给她留个话儿，可以吗？	Wǒ gěi tā liú ge huàr, kěyǐ ma?	Can I leave a message to her?

十五、抱怨 / 感叹 Bàoyuàn/Gǎntàn **Complaints/Exclamations**

1. 怎么又涨价了？	Zěnme yòu zhǎng jià le?	How come the price rised again?
2. 哎呀！航班又晚点了！	Āiyā! Hángbān yòu wǎndiǎn le!	Opps, the flight is delayed again!
3. 真倒霉！	Zhēn dǎoméi!	What bad luck!
4. 天哪！	Tiān na!	Oh, my God! /Oh, Good Heavens!

十六、紧急用语 Jǐnjí yòngyǔ **Expressions for emergencies**

1. 救命！	Jiùmìng!	Help!
2. 快来人！	Kuài lái rén!	Somebody!/ Help!
3. 去医院。	Qù yīyuàn.	Go to hospital.
4. 我要报警！	Wǒ yào bàojǐng!	I want to call the police.

附录四 语法提示
Appendix Ⅳ Main Grammar Points

一、一些基本句 Yìxiē jīběn jù **Some basic sentences**

1. Sentences with a verbal predicate
他是中国人。(Lesson 4)
他没有照相机。(Lesson 10)
我们学习汉语。(Lesson 4)
她不会说汉语。(Lesson 13)
请让我看一下儿你的护照。(Lesson 10, Lesson 23)
他去买东西。(Lesson 21)

2. Sentences with an adjectival predicate (Lesson 1)
(In a sentence with an adjectival predicate, 是 is not needed.)
你好!
他很忙。

3. Sentences with a nominal predicate (Lesson 8)
现在九点。
他二十三岁。

4. Sentences with a subject-predicate phrase as predicate
他头疼。(Lesson 26)

二、表示存在的句子 Biǎoshì cúnzài de jùzi **Sentences indicating existence (Lesson 12)**

那儿有一个商店
前边是一个商店。

三、"是……的"句型 "Shì... de" jùxíng **Sentences with 是 … 的 (Lesson 20)**

我是昨天收到你的电子邮件的。
他是来学汉语的。
The structure 是 ... 的 can be used to emphasize or specify an element of a sentence.

四、"把"字句 "Bǎ" zì jù **把–sentences (Lesson 23)**

把地图给我看看。
我把地图给他了。

五、被动句 Bèidòng jù **The passive voice (Lessons 22 and 35)**

机票确认好了。

他被那家公司聘用了。

六、表示比较的句子 Biǎoshì bǐjiào de jùzi **Expressing comparisons (Lessons 15 and 34)**

他的汉语比我好。
我的汉语没他说得好。

七、提问的方式 Tíwèn de fāngshì **Ways of asking questions**

1. Questions with 吗 (Lesson 1)

A: 你是王先生吗?	B1: 我是。/B2: 不是。
A: 你会说英语吗?	B1: 会。 /B2: 不会。
A: 你喜欢喝茶吗?	B1: 喜欢。/B2: 不喜欢。
A: 你有电脑吗?	B1: 有。/B2: 没有。
A: 你给他打电话了吗?	B1: 打了。 /B2: 没打。
A: 这个电脑你修得了吗?	B1: 修得了。/B2: 修不了。

2. Questions with an interrogative pronoun

These interrogative pronous are 谁 (shuí), 什么 (shénme), 哪 (nǎ), 哪儿 (nǎr), 怎么 (zěnme), 怎么样 (zhěnmeyàng), 多少 (duōshao), 几 (jǐ), 多大 / 远 / 高 ... duō dà/yuǎn/gāo... , 什么时候 (shénme shíhou) and 多长时间 (duō cháng shíjiān), 为什么 (wèishénme).

3. Questions with 吧 (Lesson 20)

A: 他是王先生吧? B: 是（的）。/ 对。

4. Questions with 呢 (Lesson 1)

我很好，你呢?
我的笔呢?

5. Affirmative-negative questions

明天你去不去学校?
这个学校好不好?

A: 你会不会说汉语?	B1: 会。/B2: 不会。
A: 你有没有汽车?	B1: 有。/B2: 没有。

6. Alternative questions with（是）... 还是 (Lesson 17)

我们上午去还是下午去?

7. Tag questions with 好吗，是不是，可以吗，行吗 or 是吗

明天去，行吗?

8. Declarative sentences (+ rising intonation)

This type of question expresses an estimation, conjecture, etc. The questioner hopes to get confirmation from the listener.

你是中国人?

Note:

a) Rhetorical questions do not need to respond.

这个词不是学过了吗? 你应该记住。

b) Sometimes interrogative pronouns in a declarative sentence do not form questions. They are used as indefinite pronouns. For example 什么 indicates anything; 谁 indicates anybody; 哪儿 indicates anywhere.

你买什么都行。

八、动作的时态 Dòngzuò de shítài **The aspects of an action**

1. Completion or realization of an action or event (Lessons 14 and 19)

   他买了电脑。(negative form: 他没买电脑。)

   他去中国了。(negative form: 他没去中国。)

   (the sentence with 是 ... 的， Lesson 20)

2. Action experienced in the past (Lesson 21)

   他去过中国。

   他没学过汉语。

3. Changed circumstances (Lesson 19)

   他不是老师了。

   他不去中国了。

   他有电脑了。

4. The continuous aspect of an action or a state (Lesson 32)

   电脑开着。

   书在桌子上放着。

5. An action which is going to happen (Lessons 14 and 19)

   他要结婚了。

   快到新年了。

6. The progressive aspect of action (Lesson 32)

   她正在打电话。

九、补语 Bǔyǔ **Types of complements**

1. Complement of result (Lessons 20 and 22)

   我记错了。

2. Potential complement (Lesson 24)

   他修不了这个电脑。

   你去得了去不了?

3. Complement of state (Lesson 28)

   他英语说得很好。

4. Time-measure complement (Lesson 28)

   我(学)汉语学了一年多了。 I have been learning Chinese for one year.

我（学）汉语学了一年。 I learned Chinese for one year.

5. Complement of quantity (Lesson 34)
   这间房比那间大十平方米。
   他开车开了九百公里。
6. Complement of degree (Lesson 34)
   这个地方漂亮极了。
7. Action-measure complement (Lesson 36)
   我见过他两次。
8. Complement of direction (Lesson 26)
   他走出来了。

十、量词 Liàngcí **Measure words (Lessons 14 and 36)**

一个人 / 两本书 / 一次

十一、离合词 Líhécí **Separable disyllabic verbs (Lesson 29)**

他们见了个面。
我们照了相。

十二、动态助词"了" Dòngtài zhùcí "le" **The aspect particle 了 (Lesson 14)**

十三、语气助词"了" Yǔqì zhùcí "le" **The modal particle 了 (Lesson 19)**

十四、语气助词"呢" Yǔqì zhùcí "ne" **The modal particles 呢 (Lesson 1)**

十五、语气助词"吧" Yǔqì zhùcí "ba" **The modal particles 吧 (Lessons 16 and 20)**

十六、结构助词：的、地、得 Jiégòu zhùcí: de, de, de **The structural particles：的，地，得 (Lessons 6, 35, 28.)**

附录五 汉英对照词汇表
Appendix V Chinese-English Vocabulary List

生字词	拼音	英文	课号
啊	a	(a modal particle to express an affirmative, surprise or admiration tone)	23
安娜	Ānnà	Anna	32
安排	ānpái	to arrange; arrangement	36
按时	ànshí	on time; on schedule	31
把	bǎ	(denoting the disposal of sth.)	23
白	Bái	(a Chinese surname)	30
拜访	bàifǎng	to pay a visit	36
拜会	bàihuì	to pay an official call	36
办	bàn	to do, to handle	21
办公费	bàngōngfèi	administrative expenses	34
办公室主任	bàngōngshì zhǔrèn	director of administrative office; chief administrator	33
办公桌	bàngōngzhuō	desk	33
办理	bànlǐ	to handle, to conduct; handling	21
帮	bāng	to help, to assist, to aid	24
帮忙	bāngmáng	to help; to give a hand; to do a favour	26
帮助	bāngzhù	to help, to assist, to aid	26
傍晚	bàngwǎn	at dusk	35
包	bāo	bag	26
保存	bǎocún	to keep, to preserve, to conserve	26
保险	bǎoxiǎn	insurance	35
报到	bàodào	report for duty; check in; to register	31
报价	bàojià	to quote; quote, quotation	21
报警	bàojǐng	to report (an incident) to the police; to call the police	26
抱歉	bàoqiàn	to be sorry; to feel apologetic	37
北	běi	north	23
备课	bèikè	(of a teacher) to prepare lessons	27
被	bèi	(used in a passive sentence to introduce either the doer of the action or the action if the doer is not mentioned)	35 30
本科生	běnkēshēng	undergraduate	
比较	bǐjiào	quite, relatively, comparatively	23
笔	bǐ	pen	32
笔记	bǐjì	(lecture) notes	32
笔记本	bǐjìběn	notebook	32
笔记本电脑	bǐjìběn diànnǎo	notebook computer; laptop	32
毕业	bìyè	graduation; to graduate	28

生字词	拼音	英文	课号
避免	bìmiǎn	to avoid; to refrain from	26
便条	biàntiáo	(informal) note	33
别着急	bié zháojí	don't worry; don't panic; take your time; take it easy	26
冰箱	bīngxiāng	refrigerator	24
并	bìng	and	30
病	bìng	to be sick; to be ill; illness, sickness	25
病毒	bìngdú	virus (in people, animals or plants/in computer)	24
博士	bóshì	doctor	30
不过	búguò	but, however	32
参观	cānguān	to visit (a place, museum, factory, etc); to visit	36
操场	cāochǎng	playground	27
层	céng	storey, floor	27
茶楼	chálóu	teahouse	36
查	chá	to look up; to consult; to look into; to check, to examine	27
查资料	chá zīliào	consult reference materials/data (on a subject)	27
常	cháng	frequently, often	27
常常	chángcháng	frequently, often; many a time	27
成功	chénggōng	success; to succeed	31
成果	chéngguǒ	achievement, fruit, gain; positive result	38
成绩	chéngjì	result (of work or study), score; achievement, success	30
出	chū	to go or come out	26
出国	chūguó	to go abroad	37
出毛病	chū máobìng	to be or go out of order; malfunction	24
出问题	chū wèntí	to go wrong; to go amiss; to cause trouble	24
出席	chūxí	to attend; to be present	37
出租车	chūzūchē	taxi	26
处长	chùzhǎng	director a department or office; section chief	33
传真	chuánzhēn	facsimile, fax	34
传真机	chuánzhēnjī	fax machine	34
此	cǐ	this, here	39
次	cì	(a measure word for action)	27
匆匆	cōngcōng	hurriedly	35
从……上看	cóng ... shàng kàn	from; according to sth.	23
凑合	còuhe	make do (with sth.); passable; not too bad	34
存	cún	to store, to keep, to save	32
答谢辞	dáxiècí	speech of thanks	38

生字词	拼音	英文	课号
答应	dāyìng	to agree, to promise	29
打不开	dǎ bu kāi	not possible to open	24
打不通	dǎ bu tōng	get through (a phone call)	33
打得开	dǎ de kāi	possible to open	24
打开	dǎkāi	open	24
打算	dǎsuàn	to intend, to plan	24
打印	dǎyìn	to print out	33
打印机	dǎyìnjī	printer	33
大夫	dàifu	doctor	28
大街	dàjiē	main street; street	35
大力	dàlì	energetic, vigorous; energetically, vigorously	39
大门口	dàménkǒu	main gate	27
大使	dàshǐ	ambassador	31
大使馆	dàshǐguǎn	embassy	31
大四	dàsì	senior year (of college)	30
大学生	dàxuéshēng	university (or college) student	30
代表	dàibiǎo	on behalf of; in the name of; deputy; delegate representative; to represent	37
代表团	dàibiǎotuán	delegation, mission, deputation	37
带	dài	to take, to bring	27
贷款	dàikuǎn	to provide (or grant) a loan; to extend credit to; loan, credit	36
丹尼尔	Dānní'ěr	Daniel	30
担心	dānxīn	to worry	31
当	dāng	to work as; to act as; to be	28
当然	dāngrán	without doubt; of course	29
得到	dédào	to get, to obtain, to gain	26
等	děng	and so on; etc.	21
地	de	(structural particle, used to form an adverbial adjunct)	35
地点	dìdiǎn	place, site, locale, venue	36
地方	dìfang	place, space	21
地铁站	dìtiě zhàn	tube/subway station	23
地图	dìtú	map	23
第	dì	(a prefix for ordinal number)	27
第一次	dìyī cì	first time	27
奠定	diàndìng	to establish, to settle	39
奠定基础	diàndìng jīchǔ	to lay a foundation	39
订机票	dìng jīpiào	to book flight ticket	22

生字词	拼音	英文	课号
定不下来	dìng bú xià lái	can't decide now	37
丢	diū	to lose	26
东	dōng	east	23
东西	dōngxi	thing	24
董事	dǒngshì	director	29
董事长	dǒngshìzhǎng	chairman (or president) of the board of directors	29
锻炼	duànliàn	to do/take/have exercise for health	27
锻炼身体	duànliàn shēntǐ	to take (physical) exercise for health	27
对	duì	to; with regard to; concerning	38
对……非常重要	duì...fēicháng zhòngyào	very important to (sb./sth.)	25
对……感兴趣	duì...guǎn xìngqù	to be interested in	29
嗯	ng	(indicating response) OK, well	33
儿子	érzi	son	28
发票	fāpiào	invoice	26
发烧	fāshāo	to have a fever; fever	25
法律	fǎlǜ	law	28
翻译	fānyì	to translate, to interpret; translator, interpreter	27
方便	fāngbiàn	convenient	27
方面	fāngmiàn	aspect, respect, side, field	25
房间	fángjiān	room	34
房主	fángzhǔ	house owner; landlord	34
访问	fǎngwèn	an official/unofficial visit; to visit	36
放	fàng	to place, to put, to lay; to show (a film, etc); to play (a record, etc)	32
放假	fàngjià	to get a holiday/vacation; to have a day off	21
放心	fàngxīn	to set one's mind at rest; to be at ease	33
(飞)机票	ǘfēiǚjīpiào	flight ticket	22
飞快	fēikuài	very fast	35
非常	fēicháng	very, extremely	25
份	fèn	(measure word) part, portion, piece, copy	33
丰硕	fēngshuò	plentiful and substantial; rich	38
风景	fēngjǐng	scenery, landscape	21
封	fēng	(measure word)	31
福	fú	good fortune; happiness, blessing	26
复习	fùxí	to review	30
复印	fùyìn	to xerox; to make a copy	33

生字词	拼音	英文	课号
复印机	fùyìnjī	photocopier	33
富有成效	fùyǒu chéngxiào	fruitful	39
感冒	gǎnmào	cold; to have a cold	25
感谢	gǎnxiè	to thank; to be grateful	38
感兴趣	gǎn xìngqù	to be interested	29
干杯!	gānbēi í	Cheers!	38
刚（刚）	gānggǘgānggǚ	just	24
刚才	gāngcái	a moment ago; just now	25
高	gāo	high, tall	25
高考	gāokǎo	college entrance examination	28
高中	gāozhōng	senior/high middle school	30
告别	gàobié	to bid farewell	22
跟……说一下儿	gēn...shuō yíxiàr	to tell/explain sth. to; to let sb. know sth.	31
跟……一起	gēn...yìqǐ	together with	21
更加	gèngjiā	more, still more; even more	39
工资	gōngzī	salary, wages, pay	35
工作餐	gōngzuòcān	working lunch	33
公里	gōnglǐ	kilometre	23
公用电话	gōngyòng diànhuà	public telephone	22
公证	gōngzhèng	notarization	31
关	guān	to shut, to close; to switch off; to turn off	24
关不上	guān bu shàng	impossible to be closed	24
关得上	guān de shàng	possible to be closed	24
关上	guānshàng	to close; to make (it) closed	24
关于	guānyú	about, on; with regard to; concerning	34
管理	guǎnlǐ	management; to manage; to run; to govern	38
广泛	guǎngfàn	broad, extensive, wide-ranging, wide-spread	39
贵方	guì fāng	(polite) your side/party	39
贵国	guì guó	(polite) your country	38
贵极了	guìjí le	extremely/exceedingly expensive	34
贵校	guì xiào	(polite) your school/university	38
国际	guójì	international	22
过	guò	to cross, to pass; to spend (time), to pass (time)	23
过	guò	(an aspect particle)	21
过两天	guò liǎng tiān	in several days; several days later	37
还有	hái yǒu	in addition	33

生字词	拼音	英文	课号
行长	hángzhǎng	president of a bank	36
航班	hángbān	scheduled flight	22
航空	hángkōng	aviation	22
好极了	hǎojí le	extremely/exceedingly good	34
好像	hǎoxiàng	seem; be like	24
合格	hégé	qualified; up to standard	30
合适	héshì	suitable, appropriate, right	35
合同	hétong	contract	34
合作	hézuò	cooperation; to cooperate	29
和……见面	hé... jiànmiàn	to meet with sb.	29
和……联系	hé...liánxì	to contact (sb. or an organization)	26
和……一起	hé...yìqǐ	together with	21
黑	hēi	black, dark	35
黑色	hēisè	black (colour)	35
后天	hòutiān	the day after tomorrow	36
后天	hòutiān	the day after tomorrow	22
糊涂	hútu	confused	23
化学	huàxué	chemistry	28
怀着	huáizhe	to keep in mind; to cherish	39
坏	huài	to break; become or make bad; out of order; broken	24
欢送	huānsòng	see off; send off	39
欢送会	huānsònghuì	farewell meeting	39
欢送仪式	huānsòng yíshì	seeing-off ceremony	39
欢迎会	huānyíng huì	welcome meeting/ceremony	38
欢迎仪式	huānyíng yíshì	welcome ceremony	38
环保	huánbǎo	(the abbreviated form of 环境保护)	29
环保周	huánbǎozhōu	Environment Protection Week	29
环境	huánjìng	environment, circumstances	29
环境保护	huánjìng bǎohù	environment protection	29
回复	huífù	to reply; RSVP	37
回国	huí guó	to return to one's country or native land	22
回信	huíxìn	a letter in reply; reply	36
回信	huíxìn	to write in reply; to write back	36
回信儿	huíxìnr	a verbal or written message in reply; reply	36
会	huì	meeting	33
会见	huìjiàn	meet with	36

生字词	拼音	英文	课号
会谈	huìtán	talks, conversation	39
会议	huìyì	conference, meeting	33
婚礼	hūnlǐ	wedding	23
活动	huódòng	activity	29
火车	huǒchē	train	21
机会	jīhuì	opportunity, chance	38
基础	jīchǔ	foundation, base, basis	39
即将	jíjiāng	be about to; soon	39
急事	jí shì	urgent matter; something urgent	26
几	jǐ	several, a few, some	22
记者	jìzhě	reporter, correspondent, journalist	28
技术	jìshù	technology	39
继续	jìxù	to continue	28
加强	jiāqiáng	to strengthen	38
简历	jiǎnlì	CV	35
见面	jiànmiàn	(no object followed) to meet	29
建议	jiànyì	proposal, suggestion; to propose, to suggest	38
健康	jiànkāng	health; good health; healthy	25
渐渐	jiànjiàn	gradually	35
将	jiāng	to be going to; to be about to; will	38
讲	jiǎng	to speak, to say, to tell	28
讲座	jiǎngzuò	lecture	28
奖学金	jiǎngxuéjīn	scholarship	36
交	jiāo	to hand over; to give up; to deliver; to associate with; to pay	33
交流	jiāoliú	to communicate; communication	38
教	jiāo	to teach	27
教材	jiàocái	teaching materials	27
教室	jiàoshì	classroom	27
教学	jiàoxué	teaching; teaching and studying	27
教学楼	jiàoxuélóu	teaching building	27
接	jiē	to meet, to welcome; to pick up	33
接待	jiēdài	to receive	37
节	jié	session	29
尽量	jǐnliàng	to do the best of one's ability; as far as possible	26
尽快	jǐnkuài	as soon as possible	31
紧张	jǐnzhāng	short of supply; tight; nervous	34

生字词	拼音	英文	课号
进行	jìnxíng	to be in progress; to be underway; to go on; to carry out	39
经常	jīngcháng	often, frequently	24
经过	jīngguò	to pass; to go through; as a result of; after, through; process, course	30
经济	jīngjì	economy	28
经验	jīngyàn	experience	35
景点	jǐngdiǎn	scenic spot; tourist attraction	21
警察	jǐngchá	policeman	26
警察局	jǐngchájú	police station	26
旧	jiù	used, old (not new), worn	24
就	jiù	at once; right away; just	32
局	jú	bureau, office	33
局长	júzhǎng	general director	33
举办	jǔbàn	to conduct, to hold, to run	37
举行	jǔxíng	to hold (a meeting, ceremony, etc.)	37
开	kāi	to open; to switch on; to turn on; to start or operate (a machine, car, etc.); to start or run (a school, store, etc.); to hold or attend a meeting	24
开关	kāiguān	switch	24
开始	kāishǐ	to start, to begin	29
开学	kāixué	(school) to open; (term) to begin	31
看不到	kàn bu dào	not possible to see (sth.)	21
考	kǎo	to give or take an exam, test or quiz	28
考大学	kǎo dàxué	to take a college entrance exam	28
考上大学	kǎo shàng dàxué	to enter a college or university; to get admission to a college or university, after passing the college entrance examination	28
考试	kǎoshì	to take a test /an exam; test, exam	28
可是	kěshì	but	22
课表	kè biǎo	school timetable; class schedule	29
课程	kèchéng	course	28
空调	kōngtiáo	air conditioner	34
恐怕	kǒngpà	be afraid	31
款待	kuǎndài	to treat cordially; to entertain; hospitality	38
来	lái	to come	27
来宾	láibīn	guest; visitor	38
来不及	láibují	there's not enough time (to do sth.);it's too late (to do sth.)	31
来得及	láidejí	there's still time; be able to do sth. in time	31

生字词	拼音	英文	课号
来电话	lái diànhuà	to telephone	33
老	lǎo	old (not young); old (not new); (used as a prefix)	24
老	lǎo	always; very often; (of food) overdone	24
了解	liáojiě	to find out; to understand; understanding, comprehension	21
离	lí	from (in giving distances)	23
离开之际	líkāi zhījì	at the time of parting/leaving	39
历史	lìshǐ	history	28
联系	liánxì	contact; to contact; to get in touch with	26
联系电话	liánxì diànhuà	contact phone number	26
练习	liànxí	exercise (in a textbook) ; to practise; practice	30
两节课	liǎng jié kè	two classes	29
聊天	liáotiān	to chat	36
林	Lín	(a Chinese surname)	32
留	liú	to leave behind; to remain, to stay, to reserve; to ask/keep sb. to stay (for sth.)	33
留学	liúxué	to study abroad	22
留学生	liúxuéshēng	student studying abroad; foreign student	22
楼上	lóu shàng	upstairs	22
楼下	lóu xià	downstairs	22
录取	lùqǔ	to admit, to enroll	31
录取通知书	lùqǔ tōngzhīshū	admission notice	31
录音	lùyīn	to record (sound); record	32
录音机	lùyīnjī	recorder	32
论文	lùnwén	thesis, paper	30
落	là	to leave behind; to forget to bring; to leave out; to be missing	26
旅行	lǚxíng	journey, trip	21
旅行社	lǚxíngshè	travel agency; travel service	21
旅游团	lǚyóutuán	touring group; touring party	21
旅游线路	lǚyóu xiànlù	travel route	21
律师	lǜshī	lawyer	28
马路	mǎlù	street, road	23
马上	mǎshàng	at once; right away; immediately; in the near future; soon	32
买东西	mǎi dōngxi	to buy something; to go shopping	24
慢	màn	slow; slowly	35
毛病	máobìng	breakdown, trouble	24

生字词	拼音	英文	课号
没想到	méi xiǎngdào	never expect	23
每次	měi cì	every time	32
门	mén	door	24
门口	ménkǒu	gate, door, doorway, entrance	27
迷路	mílù	to lose one's way	23
米	mǐ	metre	23
秘书	mìshū	secretary	33
面试	miànshì	interview	35
摸	mō	to touch; to stroke	32
南	nán	south	23
难得	nándé	rare	38
内容	nèiróng	content	32
年底	niándǐ	the end of the year	34
牛	Niú	(a Chinese surname)	29
女儿	nǚ'ér	daughter	28
牌子	páizi	sign, brand	27
派	pài	to send; to assign	37
陪	péi	to accompany	34
配	pèi	to provide (manpower or equipment); find sth. to fit or replace sth. else	34
碰到	pèngdào	to meet; to run into	26
漂亮	piàoliang	beautiful	21
聘用	pìnyòng	to employ	35
平安	píng'ān	safe and sound; well; without mishap	26
平方米	píngfāngmǐ	square metre	34
平时	píngshí	at ordinary times; in normal times	25
期待	qīdài	to expect; to look forward to	39
期间	qījiān	period, during (the time), course	39
签	qiān	to sign	34
签订	qiāndìng	to conclude and sign (a contract, etc.)	39
签署	qiānshǔ	to sign	38
签证办理	qiānzhèng bànlǐ	visa application	21
钱包	qiánbāo	purse, wallet	26
情况	qíngkuàng	situation, circumstance	21
情绪	qíngxù	mood, emotion	25
请	qǐng	to invite	23

生字词	拼音	英文	课号
请假	qǐngjià	to ask for leave	25
请柬	qíngjiǎn	invitation card	37
取得	qǔdé	to gain, to acquire, to obtain	38
去医院	qù yīyuàn	to go to hospital; to see a doctor	25
确定	quèdìng	to define, to fix, to determine	29
确认	quèrèn	to confirm	22
热情	rèqíng	warm; warmly	39
认证	rènzhèng	to legalize, to authenticate	31
日程	rìchéng	schedule	29
荣幸	róngxìng	greatly honoured	38
如果……就……	rúguǒ... jiù...	if ... , (then) ...	30
软盘	ruǎnpán	floppy disk	24
杀毒软件	shādú ruǎnjiàn	antivirus software	24
商讨	shāngtǎo	to confer, to discuss	38
上保险	shàng bǎoxiǎn	to insure	35
稍等	shāo děng	to wait a moment	22
申请	shēnqǐng	to apply for	31
身体	shēntǐ	body, health	25
深入	shēnrù	deep-going, in-depth	39
深信	shēn xìn	to be deeply convinced; to firmly believe	39
盛情	shèngqíng	great kindness; boundless hospitality	38
实习	shíxí	(of students or trainees) to practise (what has been learned in class)	30
食物	shíwù	food	25
使馆	shǐguǎn	embassy	31
市中心	shì zhōngxīn	city centre	23
事	shì	matter, affair, thing, business; trouble	26
事情	shìqing	matter, affair, thing, business	26
试用	shìyòng	on probation; to try out	35
是	shì	to be	26
是啊	shì a	(it's) indeed, sure	23
适合	shìhé	to fit, to suit	35
适应	shìyìng	to adapt to; to suit	35
收据	shōujù	receipt	26
首先	shǒuxiān	first; in the first place	39
舒服	shūfu	comfortable, well	25

生字词	拼音	英文	课号
双方	shuāngfāng	both sides; the two parties	38
睡（觉）	shuìǘjiàoǚ	to sleep; to go to bed	25
顺便	shùnbiàn	(do sth. in addition to what one is already doing, without much extra effort) by the way	33
说不出	shuō bu chū	don't have words (or a way) to express	35
硕士	shuòshì	master	30
死机	sǐjī	(computer) to crash	24
送	sòng	to see sb. off	33
送别	sòngbié	see sb. off	39
虽然……但（是）……	suīrán...dàn(shì)...	(often used correlatively with但是or可是)though, although	35
谈	tán	to talk, to discuss	36
讨论	tǎolùn	to discuss; to talk over	29
提高	tígāo	to raise, to increase	35
提前	tíqián	in advance; ahead of time; to shift to an earlier date; to move up (a date)	29
提议	tíyì	to propose; proposal, motion	38
体温	tǐwēn	(body) temperature	25
田	tián	(a Chinese surname)	34
条件	tiáojiàn	condition, term, factor	34
听说	tīngshuō	to hear; to hear of; to be told	24
通过	tōngguò	to pass; to pass through; by means of; by, through	30
通知	tōngzhī	to notify, to inform; notice	31
同时	tóngshí	at the same time; meanwhile; simultaneously	28
同意	tóngyì	to agree, to consent, to approve	34
突然	tūrán	suddenly	31
图书馆	túshūguǎn	library	27
推迟	tuīchí	to postpone; to put off	33
推荐	tuījiàn	to recommend	21
托	tuō	to ask, to entrust	33
外国	wàiguó	foreign country	36
外国人	wàiguórén	foreigner	36
外事处	wàishìchù	section/office of foreign affairs	36
外语	wàiyǔ	foreign language	36
晚饭	wǎnfàn	supper, dinner	27
晚一点儿	wǎn yìdiǎnr	a little late	29
网线	wǎngxiàn	network cable	34

生字词	拼音	英文	课号
危险	wēixiǎn	**dangerous; danger**	26
为	wèi	**for, to; because of**	39
为……干杯	wèi...gānbēi	**toast to**	38
喂	wèi	**Hello! (in phone calls)**	26
文化	wénhuà	**culture**	28
文件	wénjiàn	**document**	31
文学	wénxué	**literature**	28
问路	wèn lù	**to ask the way**	23
问题	wèntí	**question, problem, trouble, issue**	24
午饭	wǔfàn	**lunch**	27
西	xī	**west**	23
西藏	Xīzàng	**Tibet**	21
希望	xīwàng	**hope, wish, expectation; to hope, to wish**	35
惜别	xībié	**to be reluctant to part**	39
系	xì	**department (of a college), faculty**	28
先	xiān	**first; in advance; earlier; before doing sth.**	21
先……然后……	xiān...ránhòu...	**first ... then ...**	27
相信	xiāngxìn	**to believe**	38
想到	xiǎngdào	**to expect (sth. to happen); to think of; to call to mind**	23
向	xiàng	**to**	21
向……告别	xiàng...gàobié	**say goodbye to**	22
项目	xiàngmù	**project, item**	38
小钱	xiǎo qián	**a little money; a small sum of money**	24
小心	xiǎoxīn	**to take care; to be careful; to be cautious**	26
小组	xiáozǔ	**group**	39
校园	xiàoyuán	**campus**	27
校长	xiàozhǎng	**principal, president (of a university or college,etc.), headmaster (of a middle or primary school)**	38
协议	xiéyì	**agreement**	38
协助	xiézhù	**to assist, to help; assistance, help**	39
心情	xīnqíng	**frame or state of mind; mood**	35
欣慰	xīnwèi	**to be gratified**	39
新年	xīnnián	**New Year**	37
信息	xìnxī	**information**	21
行程	xíngchéng	**itinerary**	21
行程单	xíngchéng dān	**itinerary (paper)**	21

生字词	拼音	英文	课号
姓名	xìngmíng	(full) name	22
休假	xiūjià	to have a holiday or vacation	22
休息	xiūxi	to rest; to have a rest; to take a break	25
修(理)	xiūǘ lǐ ǚ	to repair, to fix	24
修不了	xiū bu liǎo	not possible to repair; can't do anything for the repair	24
修得了	xiū de liǎo	possible to repair	24
修改	xiūgǎi	to revise	31
宿舍	sùshè	dormitory	32
需要	xūyào	to need	31
选	xuǎn	to select, to choose; to enroll in (courses); to elect	28
选举	xuánjǔ	to elect; election	28
选择	xuǎnzé	to select, to choose	28
学费	xuéfèi	tuition fee	31
学历	xuélì	record of formal schooling; academic credentials	30
学年	xuénián	school (or academic) year	28
学期	xuéqī	term	28
学生	xuésheng	student, pupil	27
学士	xuéshì	bachelor	30
学位	xuéwèi	academic degree	30
学校	xuéxiào	school	27
学院	xuéyuàn	college, faculty	28
研究	yánjiū	to study, to research	30
研究生	yánjiūshēng	graduate student	30
研讨	yántǎo	to study and discuss	38
邀请	yāoqǐng	to invite; invitation	23
邀请信	yāoqǐngxìn	letter of invitation	37
药	yào	medicine	25
要是	yàoshi	if	30
要是……就……	yàoshi...jiù...	if ... (then) ...	25
也	yě	(used for emphasis, often before a negative expression) either, too	33
一……就……	yì... jiù...	no sooner ... than; as soon as	29
一般	yìbān	general, ordinary, common; so-so	25
一般来说	yìbān lái shuō	generally speaking	25
一边……一边……	yìbiān...yìbiān...	at the same time; ... while ...	30
一定	yídìng	certainly, surely	38
一路平安!	yílùpíng'ānī	Bon voyage!	39

生字词	拼音	英文	课号
一起	yìqǐ	together	21
医生	yīshēng	doctor	28
医学	yīxué	medical science	28
医学院	yīxuéyuàn	college of medical science; medical school	28
医院	yīyuàn	hospital	25
遗憾	yíhàn	regret, pity	37
椅子	yǐzi	chair	34
议程	yìchéng	agenda	29
意见	yìjiàn	opinion, idea, view, suggestion, objection; differing opinion	34
营业员	yíngyèyuán	customer service operator	22
应该	yīnggāi	should; ought to	21
硬件	yìngjiàn	hardware	24
友好	yǒuhǎo	friendly	39
友谊	yǒuyì	friendship	38
有的	yǒude	some	30
有关信息	yǒuguān xìnxī	relevant information	21
有一次	yǒu yí cì	one time; once	23
愉快	yúkuài	happy, joyful	21
与	yǔ	and; with	38
与……有关	yǔ... yǒuguān	to have sth. to do with; to relate to	28
语言	yǔyán	language	28
预习	yùxí	(of student) prepare lessons before class	30
遇到	yùdào	to run into; to come across; to encounter	26
远	yuǎn	far; a long way	21
愿意	yuànyì	to be willing; to wish, to like, to want	29
约	yuē	to make an appointment	36
约会	yuēhuì	appointment, engagement, date	36
约见	yuējiàn	to make an appointment to meet;to ask for (or request) an appointment with	36
月初	yuè chū	the beginning of the month	31
月底	yuè dǐ	the end of the month	31
月中	yuè zhōng	the middle of the month	31
越……越……	yuè...yuè...	the more ... the more ...	31
越来越	yuè lái yuè	more and more	31
越来越多	yuè lái yuè duō	more and more	31
运动	yùndòng	physical exercises (for health); sport	25

生字词	拼音	英文	课号
再	zài	(for a delayed action) then; only then	25
再	zài	again; once more	33
再说	zài shuō	to put off until some time later	25
早点儿	zǎodiǎnr	early	25
早饭	zǎofàn	breakfast	27
早上	zǎoshang	(early) morning	22
怎么	zěnme	how, what, why	25
怎么办	zěnme bàn	how to do	28
增进	zēngjìn	to enhance, to improve	38
站	zhàn	to stand	35
招待会	zhāodāihuì	reception	37
找	zhǎo	to look for; to try to find; to seek; to give change	26
找工作	zhǎo gōngzuò	to look for a job	30
找回来	zhǎo huílái	to get … back	26
着	zhe	(aspect particle)	32
着急	zháojí	to get worried; to feel anxious	26
真	zhēn	real; really	23
真诚	zhenchéng	sincere, true, genuine	39
争取	zhēngqǔ	to strive for; to fight for; to win over	30
正好	zhènghǎo	just in time; just right; happen to; chance to; as it happens	32
正式	zhèngshì	officially; formal, official	35
正在	zhèngzài	just (doing sth.); in process of; in course of	32
挣	zhèng	to earn (money)	24
支票	zhīpiào	cheque	33
只好	zhǐhǎo	to have to	22
执照	zhízhào	licence	30
纸	zhǐ	paper	32
致辞	zhì cí	speech	38
致欢迎辞	zhì huānyíngcí	to deliver a welcoming speech	38
……之后	...zhīhòu	after	21
……之前	...zhīqián	before	21
中非关系	Zhōng-Fēi guānxi	the relationship between China and Africa	29
重要	zhòngyào	important	25
周	zhōu	week	29
主讲人	zhǔjiǎngrén	principal speaker	29
注册	zhùcè	to register	31

生字词	拼音	英文	课号
注意	zhùyì	to pay attention to; to take note of	25
专业	zhuānyè	special field of study; subject, major	28
转交	zhuǎnjiāo	to pass on; to transfer	33
桌子	zhuōzi	table, desk	34
咨询	zīxún	to seek advice from; to consult	21
自己	zìjǐ	(referring to the person mentioned earlier in the sentence) oneself	21
自然环境	zìrán huánjìng	natural environment	29
走	zǒu	to leave, to depart	22
最好	zuì hǎo	(you'd) better to …	21
最近	zuìjìn	recently, lately	24
最新	zuì xīn	latest	24
尊敬	zūnjìng	respect, honour; to respect, to honour	38
左右	zuǒyòu	(used after numbers) about; or so	34
作业	zuòyè	school assignment; homework	32
做	zuò	to do	21

附录六 英汉对照词汇表
Appendix Ⅵ English-Chinese Vocabulary List

英文	拼音	生字词	课号
(a Chinese surname)	Bái	白	30
(a Chinese surname)	Lín	林	32
(a Chinese surname)	Niú	牛	29
(a Chinese surname)	Tián	田	34
a letter in reply; reply	huíxìn	回信	36
a little late	wǎn yìdiǎnr	晚一点儿	29
a little money; a small sum of money	xiǎo qián	小钱	24
(a measure word for action)	cì	次	27
(a modal particle to express an affirmative, surprise or admiration tone)	a	啊	23
a moment ago; just now	gāngcái	刚才	25
(a prefix for ordinal number)	dì	第	27
a verbal or written message in reply; reply	huíxìnr	回信儿	36
about, on; with regard to; concerning	guānyú	关于	34
academic degree	xuéwèi	学位	30
achievement, fruit, gain; positive result	chéngguǒ	成果	38
activity	huódòng	活动	29
administrative expenses	bàngōngfèi	办公费	34
admission notice	lùqǔ tōngzhīshū	录取通知书	31
after	...zhīhòu	……之后	21
again; once more	zài	再	33
agenda	yìchéng	议程	29
agreement	xiéyì	协议	38
air conditioner	kōngtiáo	空调	34
always; very often; (of food) overdone	lǎo	老	24
ambassador	dàshǐ	大使	31
(an aspect particle)	guò	过	21
an official/unofficial visit; to visit	fǎngwèn	访问	36
and	bìng	并	30
and so on; etc.	děng	等	21
and; with	yǔ	与	38
Anna	Ānnà	安娜	32
antivirus software	shādú ruǎnjiàn	杀毒软件	24
appointment, engagement, date	yuēhuì	约会	36
as soon as possible	jǐnkuài	尽快	31
(aspect particle)	zhe	着	32

英文	拼音	生字词	课号
aspect, respect, side, field	fāngmiàn	方面	25
at dusk	bàngwǎn	傍晚	35
at once; right away; immediately; in the near future; soon	mǎshàng	马上	32
at once; right away; just	jiù	就	32
at ordinary times; in normal times	píngshí	平时	25
at the same time; … while …	yìbiān...yìbiān...	一边……一边……	30
at the same time; meanwhile; simultaneously	tóngshí	同时	28
at the time of parting/leaving	líkāi zhījì	离开之际	39
aviation	hángkōng	航空	22
bachelor	xuéshì	学士	30
bag	bāo	包	26
be about to; soon	jíjiāng	即将	39
be afraid	kǒngpà	恐怕	31
beautiful	piàoliang	漂亮	21
before	...zhīqián	……之前	21
black (colour)	hēisè	黑色	35
black, dark	hēi	黑	35
(body) temperature	tǐwēn	体温	25
body, health	shēntǐ	身体	25
Bon voyage!	yílùpíng'ān!	一路平安!	39
both sides; the two parties	shuāngfāng	双方	38
breakdown, trouble	máobìng	毛病	24
breakfast	zǎofàn	早饭	27
broad, extensive, wide-ranging, wide-spread	guǎngfàn	广泛	39
bureau, office	jú	局	33
but	kěshì	可是	22
but, however	búguò	不过	32
campus	xiàoyuán	校园	27
can't decide now	dìng bú xià lái	定不下来	37
certainly, surely	yídìng	一定	38
chair	yǐzi	椅子	34
chairman (or president) of the board of directors	dǒngshìzhǎng	董事长	29
Cheers!	gānbēi!	干杯!	38
chemistry	huàxué	化学	28
cheque	zhīpiào	支票	33
city centre	shì zhōngxīn	市中心	23

英文	拼音	生字词	课号
classroom	jiàoshì	教室	27
cold; to have a cold	gǎnmào	感冒	25
college entrance examination	gāokǎo	高考	28
college of medical science; medical school	yīxuéyuàn	医学院	28
college, faculty	xuéyuàn	学院	28
comfortable, well	shūfu	舒服	25
(computer) to crash	sǐjī	死机	24
condition, term, factor	tiáojiàn	条件	34
conference, meeting	huìyì	会议	33
confused	hútu	糊涂	23
consult reference materials/data (on a subject)	chá zīliào	查资料	27
contact phone number	liánxì diànhuà	联系电话	26
contact; to contact; to get in touch with	liánxì	联系	26
content	nèiróng	内容	32
contract	hétong	合同	34
convenient	fāngbiàn	方便	27
cooperation; to cooperate	hézuò	合作	29
course	kèchéng	课程	28
culture	wénhuà	文化	28
customer service operator	yíngyèyuán	营业员	22
CV	jiǎnlì	简历	35
dangerous; danger	wēixiǎn	危险	26
Daniel	Dānní'ěr	丹尼尔	30
daughter	nǚ'ér	女儿	28
deep-going, in-depth	shēnrù	深入	39
delegation, mission, deputation	dàibiǎotuán	代表团	37
(denoting the disposal of sth.)	bǎ	把	23
department (of a college), faculty	xì	系	28
desk	bàngōngzhuō	办公桌	33
director	dǒngshì	董事	29
director a department or office; section chief	chùzhǎng	处长	33
director of administrative office; chief administrator	bàngōngshì zhǔrèn	办公室主任	33
(do sth. in addition to what one is already doing, without much extra effort) by the way	shùnbiàn	顺便	33
doctor	bóshì	博士	30
doctor	dàifu	大夫	28

英文	拼音	生字词	课号
doctor	yīshēng	医生	28
document	wénjiàn	文件	31
don't have words (or a way) to express	shuō bu chū	说不出	35
don't worry; don't panic; take your time; take it easy	bié zháojí	别着急	26
door	mén	门	24
dormitory	sùshè	宿舍	32
downstairs	lóu xià	楼下	22
early	zǎodiǎnr	早点儿	25
(early) morning	zǎoshang	早上	22
east	dōng	东	23
economy	jīngjì	经济	28
embassy	dàshǐguǎn	大使馆	31
embassy	shǐguǎn	使馆	31
energetic, vigorous; energetically, vigorously	dàlì	大力	39
environment protection	huánjìng bǎohù	环境保护	29
Environment Protection Week	huánbǎozhōu	环保周	29
environment, circumstances	huánjìng	环境	29
every time	měi cì	每次	32
exercise (in a textbook) ; to practise; practice	liànxí	练习	30
experience	jīngyàn	经验	35
extremely/exceedingly expensive	guìjí le	贵极了	34
extremely/exceedingly good	hǎojí le	好极了	34
facsimile, fax	chuánzhēn	传真	34
far; a long way	yuǎn	远	21
farewell meeting	huānsònghuì	欢送会	39
fax machine	chuánzhēnjī	传真机	34
first … then …	xiān…ránhòu…	先……然后……	27
first time	dìyí cì	第一次	27
first; in advance; earlier; before doing sth.	xiān	先	21
first; in the first place	shǒuxiān	首先	39
flight ticket	ǘfēiǚjīpiào	(飞)机票	22
floppy disk	ruǎnpán	软盘	24
food	shíwù	食物	25
(for a delayed action) then; only then	zài	再	25
for, to; because of	wèi	为	39
foreign country	wàiguó	外国	36

英文	拼音	生字词	课号
foreign language	wàiyǔ	外语	36
foreigner	wàiguórén	外国人	36
foundation, base, basis	jīchǔ	基础	39
frame or state of mind; mood	xīnqíng	心情	35
frequently, often	cháng	常	27
frequently, often; many a time	chángcháng	常常	27
friendly	yǒuhǎo	友好	39
friendship	yǒuyì	友谊	38
from (in giving distances)	lí	离	23
from; according to sth.	cóng ... shàng kàn	从……上看	23
fruitful	fùyǒu chéngxiào	富有成效	39
(full) name	xìngmíng	姓名	22
gate, door, doorway, entrance	ménkǒu	门口	27
general director	júzhǎng	局长	33
general, ordinary, common; so-so	yìbān	一般	25
generally speaking	yìbān lái shuō	一般来说	25
get through (a phone call)	dǎ bu tōng	打不通	33
good fortune; happiness, blessing	fú	福	26
gradually	jiànjiàn	渐渐	35
graduate student	yánjiūshēng	研究生	30
graduation; to graduate	bìyè	毕业	28
great kindness; boundless hospitality	shèngqíng	盛情	38
greatly honoured	róngxìng	荣幸	38
group	xiǎozǔ	小组	39
guest, visitor	láibīn	来宾	38
happy, joyful	yúkuài	愉快	21
hardware	yìngjiàn	硬件	24
health; good health; healthy	jiànkāng	健康	25
Hello! (in phone calls)	wèi	喂	26
high, tall	gāo	高	25
history	lìshǐ	历史	28
hope, wish, expectation; to hope, to wish	xīwàng	希望	35
hospital	yīyuàn	医院	25
house owner; landlord	fángzhǔ	房主	34
how to do	zěnme bàn	怎么办	28
how, what, why	zěnme	怎么	25

英文	拼音	生字词	课号
hurriedly	cōngcōng	匆匆	35
if	yàoshi	要是	30
if … (then) …	yàoshi…jiù…	要是……就……	25
if … , (then) …	rúguǒ… jiù…	如果……就……	30
important	zhòngyào	重要	25
impossible to be closed	guān bu shàng	关不上	24
in addition	hái yǒu	还有	33
in advance; ahead of time; to shift to an earlier date; to move up (a date)	tíqián	提前	29
in several days; several days later	guò liǎng tiān	过两天	37
(indicating response) OK, well	ng	嗯	33
(informal) note	biàntiáo	便条	33
information	xìnxī	信息	21
insurance	bǎoxiǎn	保险	35
international	guójì	国际	22
interview	miànshì	面试	35
invitation card	qíngjiǎn	请柬	37
invoice	fāpiào	发票	26
itinerary	xíngchéng	行程	21
itinerary (paper)	xíngchéng dān	行程单	21
(it's) indeed, sure	shì a	是啊	23
journey, trip	lǚxíng	旅行	21
just	gānggǘgānggǔ	刚（刚）	24
just (doing sth.); in process of; in course of	zhèngzài	正在	32
just in time; just right; happen to; chance to; as it happens	zhènghǎo	正好	32
kilometre	gōnglǐ	公里	23
language	yǔyán	语言	28
latest	zuì xīn	最新	24
law	fǎlǜ	法律	28
lawyer	lǜshī	律师	28
lecture	jiǎngzuò	讲座	28
(lecture) notes	bǐjì	笔记	32
letter of invitation	yāoqǐngxìn	邀请信	37
library	túshūguǎn	图书馆	27
licence	zhízhào	执照	30
literature	wénxué	文学	28

英文	拼音	生字词	课号
lunch	wǔfàn	午饭	27
main gate	dàménkǒu	大门口	27
main street; street	dàjiē	大街	35
make do (with sth.); passable; not too bad	còuhe	凑合	34
management; to manage, to run, to govern	guǎnlǐ	管理	38
map	dìtú	地图	23
master	shuòshì	硕士	30
matter, affair, thing, business	shìqing	事情	26
matter, affair, thing, business, trouble	shì	事	26
(measure word)	fēng	封	31
(measure word) part, portion, piece, copy	fèn	份	33
medical science	yīxué	医学	28
medicine	yào	药	25
meet with	huìjiàn	会见	36
meeting	huì	会	33
metre	mǐ	米	23
mood, emotion	qíngxù	情绪	25
more and more	yuè lái yuè	越来越	31
more and more	yuè lái yuè duō	越来越多	31
more, still more; even more	gèngjiā	更加	39
natural environment	zìrán huánjìng	自然环境	29
network cable	wǎngxiàn	网线	34
never expect	méi xiǎngdào	没想到	23
New Year	xīnnián	新年	37
(no object followed) to meet	jiànmiàn	见面	29
no sooner … than; as soon as	yì... jiù...	一……就……	29
north	běi	北	23
not possible to open	dǎ bu kāi	打不开	24
not possible to repair, can't do anything for the repair	xiū bu liǎo	修不了	24
not possible to see (sth.)	kàn bu dào	看不到	21
notarization	gōngzhèng	公证	31
notebook	bǐjìběn	笔记本	32
notebook computer; laptop	bǐjìběn diànnǎo	笔记本电脑	32
(of a teacher) to prepare lessons	bèikè	备课	27
(of student) prepare lessons before class	yùxí	预习	30
(of students or trainees) to practise (what has been learned in class)	shíxí	实习	30

英文	拼音	生字词	课号
officially; formal, official	zhèngshì	正式	35
(often used correlatively with 但是 or 可是) though, although	suīrán...dàn(shì)...	虽然……但（是）……	35
often, frequently	jīngcháng	经常	24
old (not young); old (not new); (used as a prefix)	lǎo	老	24
on behalf of; in the name of; deputy; delegate representative; to represent	dàibiǎo	代表	37
on probation; to try out	shìyòng	试用	35
on time; on schedule	ànshí	按时	31
one time; once	yǒu yí cì	有一次	23
open	dǎkāi	打开	24
opinion, idea, view, suggestion, objection; differing opinion	yìjiàn	意见	34
opportunity, chance	jīhuì	机会	38
paper	zhǐ	纸	32
pen	bǐ	笔	32
period, during (the time), course	qījiān	期间	39
photocopier	fùyìnjī	复印机	33
physical exercises (for health); sport	yùndòng	运动	25
place, site, locale, venue	dìdiǎn	地点	36
place, space	dìfang	地方	21
playground	cāochǎng	操场	27
plentiful and substantial; rich	fēngshuò	丰硕	38
police station	jǐngchájú	警察局	26
policeman	jǐngchá	警察	26
(polite) your country	guì guó	贵国	38
(polite) your school/university	guì xiào	贵校	38
(polite) your side/party	guì fāng	贵方	39
possible to be closed	guān de shàng	关得上	24
possible to open	dǎ de kāi	打得开	24
possible to repair	xiū de liǎo	修得了	24
president of a bank	hángzhǎng	行长	36
principal speaker	zhǔjiǎngrén	主讲人	29
principal, president (of a university or college,etc.), headmaster (of a middle or primary school)	xiàozhǎng	校长	38
printer	dǎyìnjī	打印机	33
project, item	xiàngmù	项目	38
proposal, suggestion; to propose, to suggest	jiànyì	建议	38

英文	拼音	生字词	课号
public telephone	gōngyòng diànhuà	公用电话	22
purse, wallet	qiánbāo	钱包	26
qualified; up to standard	hégé	合格	30
question, problem, trouble, issue	wèntí	问题	24
quite; relatively, comparatively	bǐjiào	比较	23
rare	nándé	难得	38
real; really	zhēn	真	23
receipt	shōujù	收据	26
recently, lately	zuìjìn	最近	24
reception	zhāodāihuì	招待会	37
record of formal schooling; academic credentials	xuélì	学历	30
recorder	lùyīnjī	录音机	32
(referring to the person mentioned earlier in the sentence) oneself	zìjǐ	自己	21
refrigerator	bīngxiāng	冰箱	24
regret, pity	yíhàn	遗憾	37
relevant information	yǒuguān xìnxī	有关信息	21
report for duty; check in; to register	bàodào	报到	31
reporter, correspondent, journalist	jìzhě	记者	28
respect, honour; to respect, to honour	zūnjìng	尊敬	38
result (of work or study), score; achievement, success	chéngjì	成绩	30
room	fángjiān	房间	34
safe and sound; well; without mishap	píng'ān	平安	26
salary, wages, pay	gōngzī	工资	35
say goodbye to	xiàng...gàobié	向……告别	22
scenery, landscape	fēngjǐng	风景	21
scenic spot; tourist attraction	jǐngdiǎn	景点	21
schedule	rìchéng	日程	29
scheduled flight	hángbān	航班	22
scholarship	jiǎngxuéjīn	奖学金	36
school	xuéxiào	学校	27
school (or academic) year	xuénián	学年	28
school assignment; homework	zuòyè	作业	32
school timetable; class schedule	kè biǎo	课表	29
(school) to open; (term) to begin	kāixué	开学	31
secretary	mìshū	秘书	33
section/office of foreign affairs	wàishìchù	外事处	36

英文	拼音	生字词	课号
see off; send off	huānsòng	欢送	39
see sb. off	sòngbié	送别	39
seeing-off ceremony	huānsòng yíshì	欢送仪式	39
seem; be like	hǎoxiàng	好像	24
senior year (of college)	dàsì	大四	30
senior/high middle school	gāozhōng	高中	30
session	jié	节	29
several, a few, some	jǐ	几	22
short of supply; tight, nervous	jǐnzhāng	紧张	34
should; ought to	yīnggāi	应该	21
sign, brand	páizi	牌子	27
sincere, true, genuine	zhēnchéng	真诚	39
situation, circumstance	qíngkuàng	情况	21
slow; slowly	màn	慢	35
some	yǒude	有的	30
son	érzi	儿子	28
south	nán	南	23
special field of study; subject, major	zhuānyè	专业	28
speech	zhì cí	致辞	38
speech of thanks	dáxiècí	答谢辞	38
square metre	píngfāngmǐ	平方米	34
storey, floor	céng	层	27
street, road	mǎlù	马路	23
(structural particle, used to form an adverbial adjunct)	de	地	35
student studying abroad; foreign student	liúxuéshēng	留学生	22
student, pupil	xuésheng	学生	27
success; to succeed	chénggōng	成功	31
suddenly	tūrán	突然	31
suitable, appropriate, right	héshì	合适	35
supper, dinner	wǎnfàn	晚饭	27
switch	kāiguān	开关	24
table, desk	zhuōzi	桌子	34
talks, conversation	huìtán	会谈	39
taxi	chūzūchē	出租车	26
teaching building	jiàoxuélóu	教学楼	27
teaching materials	jiàocái	教材	27

英文	拼音	生字词	课号
teaching; teaching and studying	jiàoxué	教学	27
teahouse	chálóu	茶楼	36
technology	jìshù	技术	39
term	xuéqī	学期	28
(the abbreviated form of 环境保护)	huánbǎo	环保	29
the beginning of the month	yuè chū	月初	31
the day after tomorrow	hòutiān	后天	36
the day after tomorrow	hòutiān	后天	22
the end of the month	yuè dǐ	月底	31
the end of the year	niándǐ	年底	34
the middle of the month	yuè zhōng	月中	31
the more … the more …	yuè...yuè...	越……越……	31
the relationship between China and Africa	Zhōng-Fēi guānxi	中非关系	29
there's not enough time (to do sth.); it's too late (to do sth.)	láibují	来不及	31
there's still time; be able to do sth. in time	láidejí	来得及	31
thesis, paper	lùnwén	论文	30
thing	dōngxi	东西	24
this, here	cǐ	此	39
Tibet	Xīzàng	西藏	21
to	xiàng	向	21
to accompany	péi	陪	34
to adapt to; to suit	shìyìng	适应	35
to admit, to enroll	lùqǔ	录取	31
to agree, to consent, to approve	tóngyì	同意	34
to agree, to promise	dāyìng	答应	29
to apply for	shēnqǐng	申请	31
to arrange; arrangement	ānpái	安排	36
to ask for leave	qǐngjià	请假	25
to ask the way	wèn lù	问路	23
to ask, to entrust	tuō	托	33
to assist, to help; assistance, help	xiézhù	协助	39
to attend; to be present	chūxí	出席	37
to avoid; to refrain from	bìmiǎn	避免	26
to be	shì	是	26
to be deeply convinced; to firmly believe	shēn xìn	深信	39
to be going to; to be about to; will	jiāng	将	38

英文	拼音	生字词	课号
to be gratified	xīnwèi	欣慰	39
to be in progress; to be underway; to go on; to carry out	jìnxíng	进行	39
to be interested	gǎn xìngqù	感兴趣	29
to be interested in	duì...guǎn xìngqù	对……感兴趣	29
to be or go out of order; malfunction	chū máobìng	出毛病	24
to be reluctant to part	xībié	惜别	39
to be sick; to be ill; illness, sickness	bìng	病	25
to be sorry, to feel apologetic	bàoqiàn	抱歉	37
to be willing; to wish, to like, to want	yuànyì	愿意	29
to believe	xiāngxìn	相信	38
to bid farewell	gàobié	告别	22
to book flight ticket	dìng jīpiào	订机票	22
to break; become or make bad; out of order; broken	huài	坏	24
to buy something; to go shopping	mǎi dōngxi	买东西	24
to chat	liáotiān	聊天	36
to close; to make (it) closed	guānshàng	关上	24
to come	lái	来	27
to communicate; communication	jiāoliú	交流	38
to conclude and sign (a contract, etc.)	qiāndìng	签订	39
to conduct, to hold, to run	jǔbàn	举办	37
to confer, to discuss	shāngtǎo	商讨	38
to confirm	quèrèn	确认	22
to contact (sb. or an organization)	hé...liánxì	和……联系	26
to continue	jìxù	继续	28
to cross, to pass; to spend (time), to pass (time)	guò	过	23
to define, to fix, to determine	quèdìng	确定	29
to deliver a welcoming speech	zhì huānyíngcí	致欢迎辞	38
to discuss; to talk over	tǎolùn	讨论	29
to do	zuò	做	21
to do the best of one's ability; as far as possible	jǐnliàng	尽量	26
to do/take/have exercise for health	duànliàn	锻炼	27
to do, to handle	bàn	办	21
to earn (money)	zhèng	挣	24
to elect; election	xuǎnjǔ	选举	28
to employ	pìnyòng	聘用	35
to enhance, to improve	zēngjìn	增进	38

英文	拼音	生字词	课号
to enter a college or university; to get admission to a college or university, after passing the college entrance examination	kǎo shàng dàxué	考上大学	28
to establish, to settle	diàndìng	奠定	39
to expect (sth. to happen); to think of; to call to mind	xiǎngdào	想到	23
to expect; to look forward to	qīdài	期待	39
to find out; to understand; understanding, comprehension	liáojiě	了解	21
to fit, to suit	shìhé	适合	35
to gain, to acquire, to obtain	qǔdé	取得	38
to get … back	zhǎo huílái	找回来	26
to get a holiday/vacation; to have a day off	fàngjià	放假	21
to get worried; to feel anxious	zháojí	着急	26
to get, to obtain, to gain	dédào	得到	26
to give or take an exam, test or quiz	kǎo	考	28
to go abroad	chūguó	出国	37
to go or come out	chū	出	26
to go to hospital; to see a doctor	qù yīyuàn	去医院	25
to go wrong; to go amiss; to cause trouble	chū wèntí	出问题	24
to hand over; to give up; to deliver; to associate with; to pay	jiāo	交	33
to handle, to conduct; handling	bànlǐ	办理	21
to have a fever; fever	fāshāo	发烧	25
to have a holiday or vacation	xiūjià	休假	22
to have sth. to do with; to relate to	yǔ… yǒuguān	与……有关	28
to have to	zhǐhǎo	只好	22
to hear; to hear of; to be told	tīngshuō	听说	24
to help, to assist, to aid	bāng	帮	24
to help, to assist, to aid	bāngzhù	帮助	26
to help; to give a hand; to do a favour	bāngmáng	帮忙	26
to hold (a meeting, ceremony, etc.)	jǔxíng	举行	37
to insure	shàng bǎoxiǎn	上保险	35
to intend, to plan	dǎsuan	打算	24
to invite	qǐng	请	23
to invite; invitation	yāoqǐng	邀请	23
to keep in mind; to cherish	huáizhe	怀着	39
to keep, to preserve, to conserve	bǎocún	保存	26
to lay a foundation	diàndìng jīchǔ	奠定基础	39
to leave behind; to forget to bring; to leave out; to be missing	là	落	26

英文	拼音	生字词	课号
to leave behind; to remain, to stay, to reserve; to ask/keep sb. to stay (for sth.)	liú	留	33
to leave, to depart	zǒu	走	22
to legalize, to authenticate	rènzhèng	认证	31
to look for a job	zhǎo gōngzuò	找工作	30
to look for; to try to find; to seek; to give change	zhǎo	找	26
to look up; to consult; to look into; to check, to examine	chá	查	27
to lose	diū	丢	26
to lose one's way	mílù	迷路	23
to make an appointment	yuē	约	36
to make an appointment to meet;to ask for (or request) an appointment with	yuējiàn	约见	36
to meet with sb.	hé... jiànmiàn	和……见面	29
to meet; to run into	pèngdào	碰到	26
to meet, to welcome; to pick up	jiē	接	33
to need	xūyào	需要	31
to notify, to inform, notice	tōngzhī	通知	31
to open; to switch on; to turn on; to start or operate (a machine, car, etc.); to start or run (a school, store, etc.); to hold or attend a meeting	kāi	开	24
to pass on; to transfer	zhuǎnjiāo	转交	33
to pass; to go through; as a result of; after, through; process, course	jīngguò	经过	30
to pass; to pass through; by means of; by, through	tōngguò	通过	30
to pay a visit	bàifǎng	拜访	36
to pay an official call	bàihuì	拜会	36
to pay attention to; to take note of	zhùyì	注意	25
to place, to put, to lay; to show (a film, etc); to play (a record, etc)	fàng	放	32
to postpone; to put off	tuīchí	推迟	33
to print out	dǎyìn	打印	33
to propose; proposal, motion	tíyì	提议	38
to provide (manpower or equipment); find sth.to fit or replace sth. else	pèi	配	34
to provide (or grant) a loan; to extend credit to; loan, credit	dàikuǎn	贷款	36
to put off until some time later	zài shuō	再说	25
to quote; quote, quotation	bàojià	报价	21
to raise, to increase	tígāo	提高	35
to receive	jiēdài	接待	37
to recommend	tuījiàn	推荐	21
to record (sound); record	lùyīn	录音	32

英文	拼音	生字词	课号
to register	zhùcè	注册	31
to repair, to fix	xiū (lǐ)	修(理)	24
to reply; RSVP	huífù	回复	37
to report (an incident) to the police; to call the police	bàojǐng	报警	26
to rest; to have a rest; to take a break	xiūxi	休息	25
to return to one's country or native land	huí guó	回国	22
to review	fùxí	复习	30
to revise	xiūgǎi	修改	31
to run into; to come across; to encounter	yùdào	遇到	26
to see sb. off	sòng	送	33
to seek advice from; to consult	zīxún	咨询	21
to select, to choose	xuǎnzé	选择	28
to select, to choose; to enroll in (courses); to elect	xuǎn	选	28
to send, to assign	pài	派	37
to set one's mind at rest; to be at ease	fàngxīn	放心	33
to shut, to close; to switch off; to turn off	guān	关	24
to sign	qiān	签	34
to sign	qiānshǔ	签署	38
to sleep; to go to bed	shuì (jiào)	睡(觉)	25
to speak, to say, to tell	jiǎng	讲	28
to stand	zhàn	站	35
to start, to begin	kāishǐ	开始	29
to store, to keep, to save	cún	存	32
to strengthen	jiāqiáng	加强	38
to strive for; to fight for; to win over	zhēngqǔ	争取	30
to study abroad	liúxué	留学	22
to study and discuss	yántǎo	研讨	38
to study, to research	yánjiū	研究	30
to take (physical) exercise for health	duànliàn shēntǐ	锻炼身体	27
to take a college entrance exam	kǎo dàxué	考大学	28
to take a test /an exam; test, exam	kǎoshì	考试	28
to take care; to be careful; to be cautious	xiǎoxīn	小心	26
to take, to bring	dài	带	27
to talk, to discuss	tán	谈	36
to teach	jiāo	教	27
to telephone	lái diànhuà	来电话	33

英文	拼音	生字词	课号
to tell/explain sth. to; to let sb. know sth.	gēn...shuō yíxiàr	跟……说一下儿	31
to thank; to be grateful	gǎnxiè	感谢	38
to touch, to stroke	mō	摸	32
to translate, to interpret; translator, interpreter	fānyì	翻译	27
to treat cordially; to entertain; hospitality	kuǎndài	款待	38
to visit (a place, museum, factory, etc); to visit	cānguān	参观	36
to wait a moment	shāo děng	稍等	22
to work as; to act as; to be	dāng	当	28
to worry	dānxīn	担心	31
to write in reply; to write back	huíxìn	回信	36
to xerox; to make a copy	fùyìn	复印	33
to; with regard to; concerning	duì	对	38
toast to	wèi...gānbēi	为……干杯	38
together	yìqǐ	一起	21
together with	gēn...yìqǐ	跟……一起	21
together with	hé...yìqǐ	和……一起	21
touring group; touring party	lǚyóutuán	旅游团	21
train	huǒchē	火车	21
travel agency; travel service	lǚxíngshè	旅行社	21
travel route	lǚyóu xiànlù	旅游线路	21
tube/subway station	dìtiě zhàn	地铁站	23
tuition fee	xuéfèi	学费	31
two classes	liǎng jié kè	两节课	29
undergraduate	běnkēshēng	本科生	30
university (or college) student	dàxuéshēng	大学生	30
upstairs	lóu shàng	楼上	22
urgent matter; something urgent	jí shì	急事	26
(used after numbers) about; or so	zuǒyòu	左右	34
(used for emphasis, often before a negative expression) either, too	yě	也	33
(used in a passive sentence to introduce either the doer of the action or the action if the doer is not mentioned)	bèi	被	35
used, old (not new), worn	jiù	旧	24
very fast	fēikuài	飞快	35
very important to (sb./sth.)	duì...fēicháng zhòngyào	对……非常重要	25
very, extremely	fēicháng	非常	25
virus (in people, animals or plants/in computer)	bìngdú	病毒	24

英文	拼音	生字词	课号
visa application	qiānzhèng bànlǐ	签证办理	21
warm; warmly	rèqíng	热情	39
wedding	hūnlǐ	婚礼	23
week	zhōu	周	29
welcome ceremony	huānyíng yíshì	欢迎仪式	38
welcome meeting/ceremony	huānyíng huì	欢迎会	38
west	xī	西	23
without doubt; of course	dāngrán	当然	29
working lunch	gōngzuòcān	工作餐	33
(you'd) better to …	zuì hǎo	最好	21

责任编辑：韩 颖
英文编辑：韩芙芸
装帧设计、制作：St.Reach www.mynicebook.com

图书在版编目（CIP）数据

非洲人学汉语. 下册 / 郝勐编著. —北京：华语教学出版社，2013
ISBN 978-7-5138-0466-0

Ⅰ. ①非… Ⅱ. ①郝… Ⅲ. ①汉语－对外汉语教学—教材 Ⅳ. ① H195.4

中国版本图书馆 CIP 数据核字 (2013) 第 084877 号

非洲人学汉语
（下）
郝勐 编著
*

华语教学出版社有限责任公司出版
（中国北京百万庄大街24号　　邮政编码 100037）
电话：（86）10-68320585　68997826
传真：（86）10-68997826　68326333
网址：www.sinolingua.com.cn
电子信箱：hyjx@sinolingua.com.cn
新浪微博地址：http://weibo.com/sinolinguavip
北京京华虎彩印刷有限公司印刷
2013年（16开）第 1 版
2018年第1版第4次印刷
（汉英）
ISBN 978-7-5138-0466-0
定价：49.00元